Por que sempre eu?

Dados Internacionais de Catalogação na Publicação (CIP)
(Câmara Brasileira do Livro, SP, Brasil)

Grün, Anselm
　　Por que sempre eu? : reconhecer e superar padrões de relacionamento / Anselm Grün, Hsin-Ju Wu ; tradução de Markus A. Hediger. – Petrópolis, RJ : Vozes, 2023.

　　Título original: Warum immer ich?
　　Inclui bibliografia
　　ISBN 978-85-326-6520-1

　　1. Comportamento agressivo 2. Cristianismo 3. Culpa – Aspectos religiosos – Cristianismo 4. Perdão – Aspectos religiosos – Cristianismo 5. Princípios bíblicos 6. Relacionamentos dependentes I. Wu, Hsin-Ju. II. Título.

23-168094　　　　　　　　　　　　　　　　　　　　CDD-248.4

Índices para catálogo sistemático:
1. Relacionamentos : Vida cristã : Cristianismo
248.4

Aline Graziele Benitez – Bibliotecária – CRB-1/3129

Anselm Grün
Hsin-Ju Wu

Por que sempre eu?

Reconhecer e superar padrões de relacionamento

Tradução de Markus A. Hediger

EDITORA VOZES

Petrópolis

© 2022 Vier-Türme-Verlag, 97359 Münsterschwarzach Abtei, Alemanha.
Representada por AVA International GmbH Munique, Alemanha.

Direitos autorais da edição brasileira e ano da edição conforme acordo com
Agência Literária Carmen Balcells.

Tradução do original em alemão intitulado
Warum immer ich? Beziehungsmuster erkennen und aufbrechen

Direitos de publicação em língua portuguesa – Brasil:
2023, Editora Vozes Ltda.
Rua Frei Luís, 100
25689-900 Petrópolis, RJ
www.vozes.com.br
Brasil

Todos os direitos reservados. Nenhuma parte desta obra poderá ser
reproduzida ou transmitida por qualquer forma e/ou quaisquer meios
(eletrônico ou mecânico, incluindo fotocópia e gravação) ou arquivada em
qualquer sistema ou banco de dados sem permissão escrita da editora.

CONSELHO EDITORIAL

Diretor
Volney J. Berkenbrock

Editores
Aline dos Santos Carneiro
Edrian Josué Pasini
Marilac Loraine Oleniki
Welder Lancieri Marchini

Conselheiros
Elói Dionísio Piva
Francisco Morás
Gilberto Gonçalves Garcia
Ludovico Garmus
Teobaldo Heidemann

Secretário executivo
Leonardo A.R.T. dos Santos

Diagramação: Monique Rodrigues
Revisão gráfica: Nilton Braz da Rocha
Capa: wunderlichundweigand
Arte-finalização de capa: Renan Rivero

ISBN 978-85-326-6520-1 (Brasil)
ISBN 978-3-7365-0420-2 (Alemanha)

Este livro foi composto e impresso pela Editora Vozes Ltda.

Sumário

Prefácio, 7

1. Sentimento de culpa, 11

2. Comportamento agressivo-passivo, 41

3. Projeção, 53

4. Complexos de inferioridade, 71

5. Formas confusas e formas apropriadas de impor limites, 83

6. Magoar e machucar o outro, 101

7. O caminho de cura cristão: Perdão, reconciliação e uma autoestima saudável, 119

Reflexões finais, 145

Bibliografia, 149

Prefácio

Ao acompanharmos muitas pessoas e ao conversarmos com os participantes nos cursos, nós, a senhora Hsin-Ju Wu e Anselm Grün, ouvimos falar repetidamente de mecanismos que perturbam e obscurecem o convívio nos relacionamentos, nas famílias, nos círculos de amigos, no trabalho e nas comunidades eclesiais. Muitas vezes, as pessoas afetadas não têm consciência desses mecanismos. Apenas sentem a ruptura da relação e experimentam dolorosamente as feridas causadas por esses mecanismos. Mas não sabem como se libertar de seu poder destrutivo.

Nessas situações, os cristãos costumam apelar à boa vontade. Acreditam que, com boa vontade e oração, eles podem resolver esses problemas. Mas, ao moralizar ou rezar, não consigo dissolver os mecanismos que me colocam sempre em novas dificuldades e me magoam. Outros procuram um caminho na psicoterapia. Leem livros sobre o assunto e encontram teorias psicológicas que explicam o que se passa em seu interior. Mas, muitas vezes, a teoria é complicada e nem sempre ajuda. Apreciamos os conhecimentos psicológicos e também conhecemos a literatura sobre o assunto. Mas gostaríamos de pôr em palavras simples o que lemos e experimentamos em conversas com pessoas e queremos descrever a vida como ela é, com base em conhecimentos psicológicos. Ao fazê-lo, procuramos conscientemente na tradição cristã formas de lidar com os mecanismos que perturbam as relações. Para nós, a Bíblia é uma fonte de conhecimentos psicológicos. Mas também precisamos de óculos psicológicos para redescobrir a sabedoria da Bíblia para nós hoje. Só então poderemos reconhecer que as histórias e as palavras bíblicas apontam para soluções que nos podem ajudar a libertar-nos dos mecanismos e a curar as feridas por eles causadas.

Neste livro, queremos apresentar seis mecanismos ou padrões diferentes que perturbam as nossas relações. Entendemos nosso livro como um convite para questionarmos a nós mesmos sobre esses mecanismos. Em nenhuma circunstância, os conhecimentos contidos neste livro devem ser utilizados para acusar os outros. É claro que os mecanismos que descrevemos também dizem algo sobre os outros. Podemos, então, compreender melhor o que se passa com o nosso interlocutor e por que a nossa relação com ele está tão difícil.

Jamais, porém, deveríamos julgar e utilizar indevidamente o que lemos para dizer à outra pessoa: "Agora você está projetando seus problemas em mim, está abusando emocionalmente de mim". Trata-se, antes de mais nada, de nos conhecermos melhor e de nos libertarmos dos mecanismos que impedem a nossa união. As explicações devem ser como um espelho no qual nos vemos. Mas, também aqui, não se trata de julgar, mas de compreender. Só quando compreendermos quais são os mecanismos que agem dentro de nós poderemos nos libertar deles.

Neste livro, levamos em conta também conhecimentos psicológicos. Mas gostaríamos de explicá-los da forma mais concreta possível e com muitos exemplos, que vivenciamos e conhecemos nas nossas conversas e que tornam esses conhecimentos compreensíveis. Para além disso, descrevemos possíveis soluções. Sobretudo, estamos interessados nas formas bíblicas de resolver problemas, que, muitas vezes, correspondem às soluções do ponto de vista psicológico, mas que, às vezes, vão mais longe. Portanto, não há contradição entre espiritualidade e psicologia, precisamos de uma espiritualidade que não tenha medo dos conhecimentos da psicologia, mas que se abra para seus conhecimentos sem renunciar à sua própria identidade. Há muita sabedoria psicológica na espiritualidade cristã. Ela sempre é, também, uma espiritualidade de cura. Jesus veio para curar as pessoas e para libertá-las dos emaranhados que surgem dos mecanismos que impedem a vida.

Queremos concluir a descrição de cada mecanismo com quatro perguntas que podemos fazer a nós mesmos. Além disso, tentaremos respondê-las. Isso pode nos ajudar a traduzir a solução para cada padrão de comportamento na nossa vida. Essas perguntas nos apontam os passos que podemos dar para superar os mecanismos que obscurecem e, às vezes, destroem as nossas relações.

1. Sentimento de culpa

O sentimento de culpa é um assunto importante para muitas pessoas. Precisamos distinguir entre o sentimento de culpa que surge em nós porque realmente nos tornamos culpados, por exemplo, porque magoamos e ferimos conscientemente uma pessoa, e o sentimento de culpa que temos, mas que não indica qualquer culpa real. Em relação a esse último tipo de sentimento de culpa, podemos nos perguntar: De onde ele vem? Serão as normas e as ideias dos nossos pais que adotamos e que violamos inconscientemente? Ou são sentimentos que talvez indiquem uma doença psíquica, uma depressão?

Como surge o sentimento de culpa?

Na psicologia dizemos: a culpa surge quando transgredimos um mandamento ou uma regra social ou familiar. As regras aplicadas na família nada têm a ver com culpa verdadeira. No entanto, elas são interiorizadas por nós na infância.

Mais tarde, formam o chamado superego, que nos impõe regras claras. Grande parte do sentimento de culpa é gerada por esse superego. Por exemplo, uma jovem mãe se sente culpada quando descansa. Isso se deve ao fato de o superego exigir que ela esteja sempre presente para a criança e não lhe seja permitido cuidar de si mesma. Outras pessoas se sentem culpadas porque não conseguem corresponder às expectativas da família, dos colegas e dos chefes ou dos amigos. Três exemplos ilustram essa situação: Uma mulher cresceu em uma fazenda. Na infância, sempre que ela queria brincar, a mãe lhe dizia: "Há coisas mais importantes a serem feitas. Limpe a cozinha ou vá até o estábulo ajudar o pai". Hoje, a mulher se sente culpada assim que se dá ao luxo de ler o jornal ou de não fazer nada. Não se trata de uma culpa real, mas do fato de seu superego lhe dizer ainda hoje que ela não pode descansar. Apesar de saber que faz sentido fazer uma pausa, ela se sente culpada quando se permite fazer uma pausa.

Outro exemplo: muito tempo atrás, uma mulher prometeu à sua mãe que a acompanharia durante sua doença e que não a colocaria em um lar de idosos. Mas depois ela sofreu um colapso e ficou doente. Os médicos e os irmãos lhe disseram que ela não podia continuar assim, caso contrário morreria antes da mãe. Assim, pressionada pelos irmãos, concordou em internar a mãe em um lar de idosos. Ela a visita todos os dias. Mas não consegue dormir à noite porque se sente culpada: "Prometi à minha mãe e não cumpri a minha promessa", ela se repreende. Objetivamente, a mulher fez o certo. Mas seu sentimento de culpa não a deixa descansar. Este tem sua razão de ser em suas próprias leis interiores. Uma delas é a seguinte frase: "Se prometi algo, preciso cumpri-lo, independentemente das circunstâncias que tornem o cumprimento da promessa impossível". Por isso, o sentimento de culpa não é uma resposta a uma culpa real, mas apenas às leis interiores que ela deu a si mesma ou que assumiu de seus pais.

Um terceiro exemplo: uma mulher prometeu à mãe que estaria com ela na hora da morte. Mas justamente quando saiu para fazer compras, a mãe morreu. Durante um ano, a mulher se culpou por não ter percebido que a morte da mãe era iminente. O marido se sentia impotente diante dessa autoacusação constante. Também aqui, o sentimento de culpa tem sua razão de ser na transgressão da própria regra interior: preciso cumprir minha promessa. Mas há outra coisa que se torna visível: o sentimento de culpa é desagradável, mas é óbvio que a mulher preferiu sentir-se culpada em vez de enfrentar sua dor e de aceitar que a mãe morreu e a necessidade de se despedir dela. Às vezes, preferimos fugir para a culpa para escapar de outros sentimentos desagradáveis, como o sentimento de luto.

Há outros sentimentos desagradáveis dos quais fugimos para nos refugiar no sentimento de culpa: a impotência e a dor. Um exemplo: um bebê morre subitamente, algo que os médicos ainda não conseguem explicar. Em vez de enfrentarem a dor, os pais ruminam sobre o que poderiam ter feito para evitar a morte. E culpam a si mesmos: "Eu devia ter levantado mais cedo para ver se a criança estava bem" – "Eu devia ter deixado a janela aberta, isso teria impedido a morte". Ou eles procuram a culpa nos outros, por exemplo, no médico que não os alertou da possibilidade desse tipo de morte. Nesses casos, a pessoa prefere se refugiar no sentimento de culpa a se dar conta de sua própria impotência e desamparo e da dor do luto.

Sentimento de culpa e reconhecimento de culpa

Fazemos uma distinção entre sentimento de culpa e reconhecimento de culpa. O sentimento de culpa nos enfraquece. A consciência pesada, que é um sinal de culpa, nos paralisa e nos rouba energia. O reconhecimento de culpa, por outro lado, é importante para o ser humano. Viktor Frankl, o fundador da logoterapia e da análise existencial, acreditava que esse reconhecimento faz parte da dignidade do ser humano. O psiquiatra de Munique Albert Görres expressa uma opinião semelhante. Ele escreve: "Se o homem deixa de perceber a possibilidade de ser culpado, então ele não se apercebe da profundidade essencial de sua existência, do que lhe é intrínseco e o distingue, de sua liberdade e responsabilidade" (Görres, *Das Böse*, 77). O reconhecimento de culpa não nos paralisa, mas nos desafia a mudar nossa vida. O psiquiatra suíço e fundador da psicologia analítica Carl Gustav Jung não fala de reconhecimento de culpa, mas da consciência de culpa. Mas, no fundo, ele quer dizer a mesma coisa: "A consciência da culpa oferece condições para a transformação e melhoria das coisas. [...] Sem culpa não pode haver maturação psíquica nem tampouco ampliação do horizonte espiritual" (Jung, OC 10/2, § 440).

Para que o homem possa reconhecer sua culpa ele precisa experimentar que é aceito incondicionalmente, que a culpa não o separa da sua dignidade humana e também não o separa de Deus. Deus o aceita incondicionalmente. Mas ele também precisa de pessoas que olhem para ele para que ele possa reconhecer a culpa. Sem olhar, não há visão. Por isso, no acompanhamento terapêutico e espiritual, trata-se sempre de não julgar a pessoa e de não se assustar com sua culpa, mas de aceitá-la incondicionalmente. A fé na boa vontade incondicional de Deus para conosco, independentemente do nosso comportamento, também pode nos ajudar a reconhecer nossa culpa.

Gerar sentimento de culpa nos outros

Além do sentimento de culpa devido a uma culpa real ou percebida, existe, também, o sentimento de culpa que os outros nos fazem sentir. Trata-se de um método de exercer poder para fazer com que a outra pessoa se sinta culpada ou se sinta mal. Muitos pais conhecem esse jogo de poder: quando os filhos se recusam a atender a um pedido e se distanciam das expectativas excessivas dos pais, a resposta é, muitas vezes, um sentimento de culpa imposto. Por exemplo, os pais dizem: "Fizemos tanto por você. Agora você não tem mais tempo para nós". As crianças dificilmente conseguem se defender contra o sentimento de culpa. Alguns chefes também utilizam esse método de poder, repreendendo os empregados ou falando de forma crítica.

Na esfera cristã, o sentimento de culpa também foi frequentemente utilizado. Os padres ou pastores diziam aos fiéis que eram pecadores, que não tinham cumprido os mandamentos de Deus. No passado, as igrejas falavam excessivamente do pecado e o colocavam no centro de sua pregação. Faziam exigências morais que sobrecarregavam os fiéis e os faziam sentir-se culpados. Mais uma vez, esse método era um instrumento de poder. Primeiramente, no sentido moral: porque as pessoas são pecadoras, elas devem ir à igreja, onde um padre, como representante de Deus, pode livrá-las de seus pecados. Na Idade Média, a Igreja até ganhava dinheiro com esse instrumento de poder, oferecendo-lhes a tal da indulgência: a libertação ou absolvição do pecado estava ligada a um pagamento. Quanto maior o pagamento, maior a redenção. Martinho Lutero protestou justamente contra essa exploração financeira do sentimento de culpa. No entanto, ainda hoje, esse método é utilizado com frequência. Um padre contou que esteve em uma Igreja pentecostal brasileira onde o pregador começou passando às pessoas uma consciência pesada: "Você também já sonegou impostos. Você também já traiu sua esposa. Já roubou alguma coisa do seu vizinho". E então ele prega a redenção: "Deus é generoso. Ele lhe perdoa tudo. Mas você precisa fazer alguma coisa por Ele. Precisa doar dinheiro para que Deus lhe perdoe tudo".

A culpa é inculcada nas comunidades eclesiais, sobretudo nos fiéis que se se empenham pela Igreja. O que eles fazem nunca basta. Alguns crentes saem do culto de domingo com uma consciência pesada. Pensam: "Talvez eu pudesse fazer mais pela Igreja. Mas, na verdade, não tenho mais energia. Mas não consigo escapar das exigências constantes do pastor". Alguns também ficam com a consciência pesada depois do sermão, porque sentem que não são bons cristãos. Depois, ouvem que é preciso abandonar completamente as coisas terrenas e viver de forma humilde e modesta. Era isso que Jesus exemplificava. Mas eles sentem que isso não é tão fácil assim, por exemplo, quando é preciso sustentar uma família ou quando se ganha apenas o suficiente para sobreviver. Por isso, voltam para casa com sentimentos divididos.

Sentimento de culpa e autoestima

Quando instilamos sentimento de culpa nas pessoas, enfraquecemos sua autoestima. E vice-versa: quem tem uma autoestima fraca é particularmente vulnerável a tentativas de enfraquecer ainda mais sua autoestima por meio de culpa. Autoestima não é igual a autoconfiança. Ter autoestima não significa que eu seja autoconfiante, mas que tenho consciência do meu valor, que percebo minha dignidade, minha singularidade como pessoa. É o sentido do meu verdadeiro ser, da imagem que Deus fez de mim. Mas se alguém disser constantemente a alguém que ele é mau e um grande pecador, então ele nem quer se dar conta de quem ele é. Porque ele só sentiria algo negativo em si mesmo. Por isso, muitas pessoas fogem para o mundo externo, tentando compensar sua autoestima, por exemplo, fingindo autoconfiança e encobrindo assim sua falta de autoestima. Ou dedicando-se ao trabalho para aumentar sua autoestima por meio de uma atividade externa. O trabalho as impede de se sentirem e de tomarem consciência de si mesmas. Dessa forma, podem fugir de seu sentimento de culpa.

Chantagem emocional

Uma área ampla em que o poder é exercido por meio de sentimento de culpa é a chantagem emocional: tento manipular outra pessoa por meio dos sentimentos. Se a outra pessoa não fizer o que eu quero, ela é punida com sentimentos negativos. Existem diferentes métodos para se fazer isso. Um deles é fazer com que a outra pessoa se sinta culpada: se ela não fizer o que eu quero, eu lhe digo que me sinto mal. Outro método consiste em comparar a pessoa com outras. Por exemplo, um homem diz à sua mulher: "As outras mulheres cuidam dos seus maridos. Mas você só pensa em si mesma". Ou: "As outras ficariam felizes por me terem como cônjuge, mas você nem se importa em saber como eu estou". Um terceiro método é ameaçar a outra pessoa: "Você vai ver o que acontece quando não satisfaz meu desejo. Se fizer isso, eu acabo com você".

Ou pior ainda: "Depois me mato. E a culpa é toda sua". E existe ainda outra forma de lembrar a outra pessoa de suas obrigações: "Como esposa, como marido, você tem o dever de garantir que eu estou bem". A chantagem emocional sempre vem acompanhada de culpa. Os outros são culpados quando as coisas correm mal, quando nos separamos, quando nos suicidamos. Às vezes, essas acusações são combinadas com explosões de raiva e insultos violentos. As pessoas que fazem chantagem emocional acusam os outros de serem egoístas e teimosos. Todos esses métodos evocam um sentimento de culpa.

Chantagem emocional ocorre, principalmente, em relacionamentos românticos, mas também nas relações entre pais e filhos. Se o pai vincula a filha emocionalmente a si mesmo e a repreende se ela não responde aos seus desejos, isso é chantagem emocional. Ou se a mãe adoece sempre que o filho toma uma decisão em benefício próprio, por exemplo, quando decide viajar com os amigos, então isso também é chantagem emocional. No entanto, na relação dos pais com os filhos, fala-se mais de abuso emocional. As pessoas também sofrem chantagem emocional repetidamente no dia a dia ou em pequenas coisas supostamente triviais.

Uma mulher, por exemplo, quer fazer uma visita de dois dias a uma amiga de longa data. Mas o marido tenta impedi-la, dizendo: "Está me deixando sozinho. Vou ficar mal". Ou ele a censura: "Você tem tempo para a amiga, mas não para mim". Ou ele a confronta com um ultimato: "Se você for, nem precisa voltar mais. Decida-se por ela ou por mim".

Outra situação: uma mãe pressiona a filha que deseja se mudar para outra cidade para estudar. Ela lhe diz que não consegue suportar a vida sem ela. Se ela ficar sozinha e doente, a culpa será da filha. Ela cria um peso na consciência da filha, que não quer que a mãe fique mal. No entanto, se a filha ceder, a mãe não deixará de repetir o mesmo padrão: ela impõe seus desejos à filha, gerando nela uma consciência pesada ou fazendo-a imaginar todas as coisas que poderiam acontecer e como a mãe poderia ficar mal.

Abuso espiritual

O abuso espiritual funciona de forma semelhante à chantagem emocional. Trata-se de instilar um sentimento de culpa na outra pessoa se ela não seguir uma instrução espiritual. Dessa forma, a pessoa é subjugada.

O abuso espiritual ocorre sempre que um conselheiro espiritual usa a pessoa que ele acompanha para si mesmo. Ele precisa de discípulos dependentes que o admirem. O abuso espiritual também acontece quando o conselheiro diz à outra pessoa, com autoridade, exatamente aquilo que ela deve fazer em que ela deve acreditar. Se não o fizer, o conselheiro a ameaça: "Você vai ver onde vai parar. Você vai fracassar. Vai para o inferno". Pior do que a ameaça é amaldiçoar a outra pessoa se ela não quiser seguir o caminho sugerido pelo conselheiro. Outra reação é ficar ofendido: "Fiz tanto por você. E agora você está seguindo caminhos completamente diferentes. Isso me magoa". Todos esses métodos – ameaçar, amaldiçoar, xingar, ofender – provocam sentimento de culpa na pessoa que está sendo acompanhada, o que faz com que ela se deixe abusar espiritualmente. Pois o sentimento de culpa provoca medo. E o medo a torna complacente.

Abuso espiritual também ocorre em grupos. Sobretudo as associações ou seitas fundamentalistas praticam abuso espiritual coletivo. Existem mandamentos rigorosos que não podem ser transgredidos. Um desses mandamentos é que não é permitido falar sobre a comunidade com terceiros. Se fizer isso, você será punido com a expulsão da comunidade. As pessoas que vivem em um sistema tão autoritário costumam ter dificuldades de abandonar a comunidade. O abandono provoca um grande sentimento de culpa. E, muitas vezes, os desertores se sentem completamente sós. Não conseguem continuar a se empenhar em um caminho espiritual porque têm medo de serem abusadas de novo.

O abuso espiritual tem efeitos semelhantes ao abuso sexual. Ele pode destruir vidas e fazer com que a confiança fundamental das vítimas em outras pessoas e na própria vida fique tão abalada que elas não conseguem mais se envolver com nada e com ninguém.

A psicologia aponta várias causas para o abuso espiritual. Por um lado, ela reconhece uma personalidade narcisista, que sempre precisa se apresentar como maravilhosa ao mundo exterior e, por outro lado, a identificação com uma imagem arquetípica. O termo da imagem arquetípica foi criado por Carl Gustav Jung. Essas imagens arquetípicas são, por exemplo, o ajudante, o curador, o sacerdote, o profeta. As imagens arquetípicas têm um efeito curativo. Elas nos colocam em contato com o potencial da nossa alma. E nos conduzem ao nosso centro. Mas se nos identificarmos com elas, tornamo-nos cegos para as nossas necessidades, que depois vivemos sob o disfarce do curador, do ajudante, do guru espiritual.

Um padre, por exemplo, se convence que ele quer curar a outra pessoa dos seus problemas sexuais. Mas, na realidade, ele vive sua necessidade pessoal de proximidade e de experiências eróticas, abraçando a outra pessoa com força. Assim, o abuso clerical é cometido por pessoas que atuam de acordo com suas próprias necessidades de poder e proximidade, tendo como pano de fundo autoimagens grandiosas.

Dois exemplos ilustram o que pode ser um abuso espiritual. Durante muito tempo, duas mulheres faziam parte de um círculo de meditação em torno de um guru alemão. Estavam convencidas de que ele tinha um carisma semelhante ao de Jesus: em sua proximidade, sentiam o divino. Depois, deixaram-se seduzir por ele para venderem a casa e lhe darem o dinheiro. Ele tinha prometido mandar construir uma casa para os pobres na Índia e a fundar uma instituição que cuidasse dos que vivem à margem da sociedade. Mas depois ficaram sabendo que ele só tinha usado o dinheiro para comprar carros caros e viver uma vida de luxo. Essas duas mulheres ficaram afetadas pelo resto da vida. E para elas foi difícil voltar a confiar em qualquer ser humano.

Outra mulher se envolveu com círculos esotéricos. Lá, disseram-lhe que ela era alguém especial. Reconheciam nela o próprio Jesus. Diziam que ela tinha uma forte aura de Jesus. Dela poderia emanar cura. Mas quando ela contou isso a uma velha amiga, esta reagiu de forma extrema.

Era tudo do demônio, disse ela, e aconselhou-a a expulsar o demônio em um ritual. Ela ficou completamente confusa. Ambas as formas significam abuso espiritual: tanto a glorificação como a demonização.

Soluções terapêuticas para o sentimento de culpa

A psicologia nos oferece muitas ajudas para lidarmos com o sentimento de culpa. Ela nos ajuda a distinguir entre culpa real e sentimento de culpa que os outros nos impõem ou que o nosso próprio superego desenvolve em nós. Também nos convida a enfrentar nossa culpa e nosso sentimento de culpa. Não se trata de reprimir a culpa. Para Carl Gustav Jung, é uma grande ingenuidade pensarmos que conseguimos escapar da culpa. Faz parte do amadurecimento humano reconhecer sua própria culpa. Nesse caso, pode tornar-se um ganho, porque ela nos conduz à humildade e à nossa verdade. Só um tolo se interessa pela culpa do outro, que não pode ser mudada. O sábio só aprende com sua própria culpa. Ele se perguntará: Quem sou eu a quem tudo isso está acontecendo? Ele olhará para suas próprias profundezas para encontrar a resposta a essa pergunta fatídica. Portanto, não se trata de sentimento de culpa, mas de reconhecimento de culpa. Quer queiramos quer não, sempre cairemos na culpa. Há sabedoria em reconhecer esse fato.

A psicologia identificou algumas formas por intermédio das quais as pessoas tentam evitar seu sentimento de culpa.

Uma delas é a da projeção: eu projeto minha culpa reprimida sobre os outros e os acuso.

Outra forma é minimizar a culpa – é bastante normal agir dessa forma. Outros fogem da culpa deles. Eles não conseguem se aquietar. Quando tudo fica calmo em sua volta, eles entram em pânico. Então ficam com medo de que o sentimento de culpa apareça.

Uma quarta forma é exagerar o remorso em relação à culpa, mas, ao fazê-lo, evita-se o confronto com a culpa real. Carl Gustav Jung diz que, nesse caso, a pessoa gosta do remorso "como um edredom quente numa manhã fria de inverno, quando ela deveria se levantar. Essa desonestidade, esse não querer ver, significa que não há confronto com a própria sombra" (Jung, OC 8/2, § 680).

Soluções bíblicas para o sentimento de culpa

Muitas histórias da Bíblia giram em torno do tema da culpa e do sentimento de culpa. Se interpretarmos os textos tendo como pano de fundo os conhecimentos psicológicos, podemos reconhecer neles soluções que nos curam hoje e que nos mostram formas muito concretas de lidar com o sentimento de culpa e a chantagem emocional. Eu gostaria de analisar três histórias bíblicas que tratam do sentimento de culpa.

A primeira história se encontra no Livro do Gênesis: Deus criou o homem à sua imagem e semelhança e deu-lhe um elevado sentido de autoestima. Colocou Adão no Jardim do Éden e deu-lhe a tarefa de cuidar do jardim. Depois, criou para ele uma mulher como companheira. Eles podiam comer de todos os frutos do jardim, exceto da árvore do conhecimento. Mas a serpente disse a Eva que ela e o marido deviam comer dessa árvore, porque assim se tornariam iguais a Deus e poderiam reconhecer o bem e o mal. Eva comeu da fruta e a ofereceu a Adão. Ambos comeram. "Então os olhos dos dois se abriram; e viram que estavam nus" (Gn 3,7). Aqui a culpa resulta realmente da transgressão de um mandamento de Deus e de quererem ser iguais a Deus. Mas, no mesmo momento, eles se dão conta da sua nudez e se escondem de Deus. Ele não instila nenhum sentimento de culpa em Adão e Eva, nenhuma consciência pesada. Apenas os confronta com sua própria verdade. No início, ambos querem evitar essa verdade, jogando a culpa um no outro: Adão em Eva e Eva na serpente. Querem reprimir sua culpa. Mas, perante Deus, eles são obrigados a enfrentar sua verdade e admitir sua culpa. Assim, Deus os leva a reconhecerem sua culpa.

Ao reconhecerem sua culpa, Adão e Eva aceitam as consequências de seus atos: sua vida se tornará mais laboriosa e dolorosa. Eles são expulsos do Jardim do Éden, precisam cultivar a terra com esforço e parir filhos com dor. Dessa forma, eles se curam da tentação de quererem ser iguais a Deus. Tornam-se humildes (*humilis*, em latim, que provém de húmus, terra). Aprendem que foram tirados da terra e que voltarão à terra. A Bíblia não nos diz que Adão e Eva saem do Jardim do Éden cheios de culpa e de repreensão própria. Conformam-se à vida que Deus lhes destinou. Ele não lhes tira a autoestima. Pelo contrário, a culpa os leva a aceitar sua verdade: que são seres humanos falíveis e não Deus.

A segunda história é a de Caim e Abel (Gn 4,1-16): Caim mata seu irmão Abel porque tem inveja dele. Não consegue suportar o fato de o seu irmão ser mais amado por seus pais. Após o homicídio, ele age como se nada tivesse acontecido. Ele reprime sua culpa. Mas Deus o obriga a admitir sua culpa, fazendo-lhe duas perguntas:

"Onde está teu irmão Abel?" e "O que fizeste?" (Gn 4,9s.).

O reconhecimento de culpa provoca em Caim um sentimento de culpa que o fazem ter medo das pessoas. Isso o deixa inquieto e o leva a vaguear pela terra. Caim teme que qualquer pessoa que o encontre o mate. Mas porque Caim reconhece sua culpa, Deus o protege com uma marca, um selo especial, contra a vingança dos homens. Deus lhe diz que ele deve começar uma nova vida. Mas primeiro ele precisa se conscientizar das consequências de sua culpa. No entanto, apesar de sua culpa, Caim pode estabelecer-se em outro país e continuar sua vida.

A história de Caim e Abel é alerta para não nos tornarmos culpados. Pois o sentimento de culpa faz com que nos sintamos excluídos da comunidade humana e fiquemos inquietos e errantes. Deus salva Caim desse desassossego e dessa inquietação, gravando a marca na testa dele. Essa marca lembra Caim de sua culpa e o obriga a reconhecê-la. Mas, ao mesmo tempo, é também uma expressão da preocupação de Deus pelo homem culpado. Ele o protege da vingança dos homens.

A terceira história é a parábola de Jesus sobre o administrador sábio (Lc 16,1-8). Um administrador é acusado de desperdiçar a riqueza do seu senhor. Não sabemos se se trata de uma culpa real ou apenas de uma acusação. Nessa acusação, torna-se claro que todos nós, quer queiramos ou não, desperdiçamos sempre algo da fortuna que Deus nos deu, ou seja: não usamos todas as nossas capacidades e nem sempre vivemos da melhor forma. Não podemos escapar dessa culpa. Por isso, precisamos saber como lidar com a culpa e com o sentimento de culpa. Nessa parábola, Jesus começa mostrando as duas formas como as pessoas costumam reagir ao sentimento de culpa.

O administrador trava uma conversa consigo mesmo: "Trabalhar na terra... não tenho forças; mendigar... tenho vergonha" (Lc 16,3). Muitas vezes tentamos compensar nosso sentimento de culpa trabalhando arduamente e cumprindo todos os mandamentos de Deus da forma mais exata possível. Mas também nos tornamos duros por dentro e afastamo-nos da vivacidade. A segunda forma é "suplicar": fazemo-nos muito pequenos e pedimos perdão a todos por sermos pessoas tão más. Mas então perdemos todo respeito por nós mesmos. A terceira via que Jesus apresenta na parábola consiste em aproveitar a culpa como uma ocasião para ser humano entre os humanos. O administrador diz para si mesmo: "Mas já sei o que vou fazer para que, depois de afastado da administração, alguém me receba em sua casa'" (Lc 16,4). Ele chama todos os devedores e lhes perdoa parte da dívida. Ele lhes diz, por assim dizer: "Você é culpado, eu sou culpado, por isso partilhemos a dívida". Não devemos excluir-nos uns aos outros quando nos tornamos culpados, mas devemos ser solidários e reconhecer humildemente que todos nos tornamos culpados de alguma forma e em algum momento. Por isso, não devemos nos excluir da comunidade humana quando nos tornamos culpados. Mas também não devemos excluir os outros que se tornaram culpados, mas acolhê-los em nossa casa. Assim, o sentimento de culpa é um convite para construirmos uma boa relação com as pessoas, uma relação em que não nos colocamos acima dos outros, mas em que nos sentimos solidários com eles – uma relação que se caracteriza pela misericórdia e pela mansidão.

Quando aplicamos a solução da parábola para nossa vida, podemos dizer: não devemos nos culpar nem nos desculpar, nem nos sobrecarregar com exigências excessivamente elevadas em relação ao nosso comportamento, nem nos desvalorizar por não sermos perfeitos. Devemos reconhecer nossa culpa com toda a humildade, mas mantendo nossa dignidade. Apesar da nossa culpa, podemos entrar na casa de outras pessoas. E, da mesma forma, devemos acolher em nossa casa aqueles que se tornaram culpados, em vez de rejeitá-los ou de expulsá-los da comunidade. A parábola diz que isso é feito frequentemente pelos "filhos da luz", referindo-se aos seguidores da seita de Qumran, dos essênios.

Jesus diferencia aqui entre o comportamento dos cristãos e o dos essênios. Os cristãos não devem excluir, mas acolher uns aos outros. Mas, olhando para a história da humanidade, os cristãos dificilmente ouviram a mensagem dessa parábola. Muitas vezes, eles expulsaram os culpados da sua comunidade e os condenaram. Jesus nos mostra um caminho diferente. Devemos reconhecer nossa culpa e nosso sentimento de culpa sem perder o respeito por nós mesmos. Transformamos o sentimento de culpa em uma nova relação misericordiosa com as pessoas que nos cercam.

A condição para sermos capazes de lidar com nossa culpa de forma tão criativa é acreditarmos no perdão de Deus para nossa culpa. Essa é a mensagem bíblica central: Deus perdoa nossa culpa. Jesus prometeu repetidamente às pessoas: "Teus pecados foram perdoados". Isso as libertava da autocondenação e de girar em torno de sua culpa. Podemos sentir mais claramente que Deus perdoa nossa culpa quando olhamos para a cruz de Jesus Cristo. Lucas nos diz que Jesus orou pelos seus assassinos na cruz: "Pai, perdoa-lhes, porque não sabem o que fazem" (Lc 23,34). Se o próprio Jesus perdoou seus assassinos, podemos confiar que não há nada que Deus não perdoe. Olhar para o amor perdoador de Jesus na cruz pode libertar-nos de toda a repreensão e condenação próprias. Todas as resistências interiores que temos em relação ao perdão se dissolvem, e nós nos sentimos incondicionalmente aceitos. Essa é uma solução para o nosso sentimento de culpa que nenhuma psicologia pode nos oferecer, só a mensagem da Bíblia.

Soluções terapêuticas para a chantagem emocional

A forma psicológica de se libertar da chantagem emocional é confiar nos seus sentimentos e reconhecer os mecanismos que funcionam no inconsciente. Alguém quer exercer poder sobre mim fazendo-me sentir mal. Preciso da raiva para me distanciar desse poder. Ela me coloca em contato comigo mesmo. Sinto meu próprio valor por meio da raiva. Sou valioso mesmo que não corresponda às expectativas do chantagista emocional. A raiva me conduz a meu centro. Assim, não me deixo chantagear tão facilmente por outros.

Outra forma terapêutica é refletir sobre o que ouvimos: se a outra pessoa levar a sério a sua ameaça, se ela realmente me abandonar ou ficar doente ou até se suicidar, o que acontecerá? Eu realmente serei o culpado? A decisão de me abandonar ou de se suicidar cabe à outra pessoa. Não sou responsável por isso. Entrego a decisão a ela e me liberto das suas acusações de que a culpa é minha. Só a partir dessa distância saudável consigo reagir adequadamente à chantagem emocional. Além disso, preciso entender: se eu ceder uma vez, a outra pessoa utilizará a chantagem emocional sempre de novo. Então, já não terei vida própria, mas serei forçado pela outra pessoa a viver de uma forma que já não corresponde à minha verdade. Eu estarei na mão dela, e ela me imporá sua vontade sempre de novo.

Soluções bíblicas para a chantagem emocional

Sansão, o herói do Antigo Testamento, é temido pelos filisteus. Ele tem as forças de um urso, ele não mata apenas leões, mas também muitos filisteus. Os filisteus eram inimigos de Israel. No entanto, Sansão se casa com uma mulher filisteia.

Seu nome é Dalila. Os membros da tribo de Dalila aproveitam essa situação. Eles conversam com ela e pedem que ela descubra como dominar Sansão, ou seja, qual é o segredo de sua enorme força e o que pode enfraquecê-lo. Três vezes, Sansão diz à mulher como ela deve amarrá-lo. Mas cada vez ele rompe as cordas. Então, Dalila recorre a outros meios: Então ela lhe disse: "Como podes dizer 'eu te amo', se não confias em mim? Três vezes já me enganaste não me revelando em que está tua grande força". Como ela o importunasse e insistisse todos os dias com suas lamúrias, ele caiu num desespero mortal e lhe contou todo o segredo (Jz 16,15-17). Dalila usa o choro como meio de chantagem emocional e a acusação de que ele não a ama. Por fim, até o forte Sansão enfraquece e lhe revela que é o seu cabelo comprido que lhe dá essa enorme força. Então ele é capturado, os filisteus arrancam-lhe os olhos e cortam seu cabelo. Eles o prendem com correntes de bronze e o jogam na prisão. Quando os chefes dos filisteus celebram uma grande festa em honra de seu deus Dagão, eles tiram Sansão da prisão para se divertirem com ele. Mas seu cabelo voltou a crescer. Eles o colocam entre os pilares de sustentação da casa. Sansão se agarra às colunas e, com toda a sua força, as derruba: "o templo desabou sobre os chefes e sobre todo o povo que ali estava. Assim, os que Sansão matou ao morrer foram mais numerosos do que os que matou em vida" (Jz 16,30).

Nessa estranha história heroica, a Bíblia mostra duas maneiras de se libertar da chantagem emocional: Sansão entra em contato com sua raiva contra aqueles que o chantagearam emocionalmente. E quando seu cabelo volta a crescer, ele entra em contato com seu poder. Disso podemos deduzir duas abordagens:

1) A raiva como poder para me distanciar de quem me quer chantagear emocionalmente. Posso confiar na raiva. Ela me mostra que não devo dar poder à outra pessoa. Ela também me impede de deixar que a minha consciência pesada governe a minha vida. Ao gerar em mim uma consciência pesada, a outra pessoa obtém poder sobre mim. Com a raiva, posso me libertar desse poder.

2) É importante voltar a entrar em contato conosco e com nosso poder interior. Quando a outra pessoa nos chantageia emocionalmente, permitimos que ela nos afaste do nosso centro. Estamos completamente com a outra pessoa e já não estamos mais conosco. Mas quando nos sentimos e sentimos a nossa força, o chantagista emocional não tem qualquer chance conosco. A história bíblica mostra que, às vezes, é preciso muito tempo até que, como Sansão, voltemos a entrar em contato com nossa própria força.

Vemos que a solução terapêutica e a solução que nos é oferecida pela história bíblica são muito semelhantes. A Bíblia está cheia de sabedoria e experiência psicológica. Cabe a nós redescobrir essa sabedoria para nós mesmos e interpretá-la para o nosso tempo, de forma que as pessoas sintam: isso me diz respeito. Encontro aqui formas de lidar com o que me incomoda, nesse caso, a chantagem emocional.

Soluções terapêuticas para o abuso espiritual

Na terapia, o terapeuta tentará reforçar a autoestima da pessoa que sofreu abuso espiritual. Ela deve aprender a confiar novamente em seus sentimentos e, assim, reconhecer os mecanismos que o abusador utiliza: para fazer com que os outros se sintam culpados e, assim, torná-los submissos ou para se apresentar como um guru, como uma pessoa particularmente iluminada. A psicologia consiste em descobrir esses mecanismos, e depois nos perguntamos: Como é que isso pôde acontecer? Qual é a minha constituição psicológica para que eu me deixe abusar espiritualmente? Foi a minha necessidade de viver em harmonia? Descobrirei, então, que o abusador se aproveitou da minha confiança, talvez também do meu "ponto fraco". O abusador transmite uma segurança absoluta em reação à sua própria insegurança. Além disso, ele abordou o desejo do sagrado que existe em cada ser humano. Ele pode ter transmitido à vítima que ela é uma pessoa muito especial se ela o seguir. Ele a levou a evitar seus problemas e a refugiar-se na grandiosidade: "Nem preciso olhar para os meus defeitos nem trabalhar neles. Já sou especial, sou como Jesus, sou um iluminado. Estou acima dos outros". A terapia expõe esses mecanismos e convida a aceitar-se do jeito que você é.

Soluções bíblicas para o abuso espiritual

No Evangelho de Mateus encontramos um discurso de Jesus contra os fariseus e escribas. Nele, Ele nos adverte contra o abuso espiritual. No entanto, o termo "fariseus" não se refere apenas ao grupo dos doutores da lei judeus. Mateus está pensando também nos mestres cristãos. Estes correm o mesmo risco de cometer abusos espirituais. Jesus se dirige aos seus discípulos e ao povo, ou seja, à comunidade cristã. É preciso ter cuidado com os intérpretes cristãos que são como os fariseus.

Jesus era amigo de alguns fariseus, mas aqui Ele se opõe a determinada maneira de lidar com as pessoas. Deles, Jesus diz: "Amarram pesadas cargas e as põem nas costas dos outros, e eles mesmos nem com o dedo querem tocá-las" (Mt 23,4).

A tarefa do conselheiro espiritual é tirar os fardos das pessoas: o fardo de uma autoestima muito baixa, o fardo do sentimento de culpa constante, o fardo do perfeccionismo. Jesus fala aqui de conselheiros espirituais que, no entanto, apenas colocam mais fardos sobre os seus aconselhados.

Por um lado, prometem que eles progredirão espiritualmente. Mas, por outro, os sobrecarregam com exigências sempre novas.

Jesus adverte os líderes da Igreja, os teólogos e os conselheiros espirituais a sempre terem cuidado com o abuso espiritual. Mas também mostra formas de nos protegermos contra ele. Aos que sofrem de abuso espiritual, Ele recomenda que escutem seus sentimentos e sua razão. Assim, reconhecerão que algumas exigências são contrárias à razão e à sua natureza de um ser humano. Ele adverte o companheiro espiritual a não se identificar com as imagens arquetípicas do mestre, do pai e do professor: "Mas vós, não vos deixeis chamar de mestre, porque um só é vosso mestre, e todos vós sois irmãos. A ninguém chameis de pai na terra, porque um só é vosso Pai, aquele que está nos céus. Nem vos façais chamar doutores, porque um só é vosso doutor, o Cristo" (Mt 23,8-10). Alguns não se intitulam mestres, mas são chamados assim pelos seus discípulos. Jesus nos adverte contra assumirmos esses títulos ou nos sentirmos mestres. Cristo é o nosso mestre, somos todos irmãos que apoiam uns aos outros, mas não nos colocamos acima dos outros.

No monasticismo primitivo, o pai espiritual tinha a importante tarefa de introduzir os jovens monges na vida espiritual. Mas, ao mesmo tempo, os monges sempre enfatizavam a humildade. Por isso, o pai espiritual nunca agia como tal.

Em vez disso, ele conta das suas tentações pessoais, se coloca no mesmo nível dos alunos e busca Deus juntamente com eles. A palavra grega para mestre (*kategetes*) significa conselheiro espiritual e guia da consciência. Jesus adverte os pastores a não se colocarem acima da consciência dos indivíduos e a não tentarem convencê-los de que sabem exatamente o que Deus quer deles. Só Cristo é o verdadeiro mestre, não só através das suas palavras, mas também como aquele que está em nós, que fala conosco por meio da nossa consciência.

As palavras de Jesus nos ajudam a proteger-nos do abuso espiritual. Mas se já passamos por isso, o que pode nos curar? Lembro-me das palavras de Jesus: "O Reino de Deus está no meio de vós" (Lc 17,21). Com toda a confusão que os abusos espirituais causaram em nós, é útil voltar-nos para nosso interior e confiar que o Reino de Deus está dentro de nós. Isso não depende das palavras do companheiro espiritual. No fundo da nossa alma, somos saudáveis. É aí que Deus está em nós. E onde Deus reina em nós, as palavras daquele que abusou espiritualmente de nós não conseguem nos afetar. Lá, o sentimento de culpa que nos foi inculcado por meio do abuso espiritual também não tem acesso. Lá somos puros e cristalinos. Se nos apercebermos disso sempre de novo, o abuso espiritual deixa de ter poder sobre nós. Voltamos a confiar em nossos sentimentos.

Perguntas sobre como lidar com o sentimento de culpa

De onde vem o sentimento de culpa?

Muitas vezes, o sentimento de culpa provém do meu superego. Mas também pode ser a reação a uma culpa real. É importante identificar se o sentimento de culpa reflete uma culpa real ou se ele apenas contradiz as minhas próprias ideias sobre a vida.

O que meu sentimento de culpa me traz?

O sentimento de culpa faz com que eu sempre gire em torno de mim mesmo. Ele me impede de mudar minha vida e de me aproximar livremente dos outros. O sentimento de culpa me impede de trabalhar honestamente em mim mesmo. Prefiro ficar preso a ele. Se conseguir dissolvê-lo, posso envolver-me aberta e honestamente nas relações com outras pessoas.

Como o mecanismo do sentimento de culpa destrói ou impede a relação com os outros?

Meu sentimento de culpa também evoca um sentimento de culpa no meu interlocutor. E eu me fecho para uma relação com outras pessoas. O sentimento de culpa obscurece essa relação. Não consigo olhar para a outra pessoa tal como ela é. Eu a vejo sempre através da lente dos meus sentimentos provocados pela culpa e, assim, distorço minha relação com ela.

Como me liberto do mecanismo do sentimento de culpa?

Uma forma de nos libertarmos do nosso sentimento de culpa é acreditar no perdão de Deus. Deus me aceita com meu sentimento de culpa, e não importa se ele venha do superego ou seja uma reação a uma culpa real. Uma outra ajuda é distinguir entre reconhecimento de culpa que me motiva para um novo comportamento e o sentimento de culpa que me paralisa e me incute uma consciência pesada. O reconhecimento de culpa me liberta do sentimento de culpa. Isso leva a relações abertas e honestas.

2. Comportamento agressivo-passivo

A agressividade é uma energia vital necessária para que a nossa vida seja bem-sucedida. Mas também pode tornar-se destrutiva. Podemos ser dominados por ela. E então ficamos divididos, amargurados ou cheios de ressentimentos. Por isso depende de como lidamos com a agressividade. Muitas pessoas a reprimem porque se trata de uma emoção socialmente marginalizada e fomos ensinados a não mostrá-la e, em vez disso, a sermos sempre simpáticos e afetuosos. A agressão contradiz a nossa autoimagem. Outros vivenciaram a agressão de um dos pais na infância como algo tão negativo que querem manter esse sentimento, ou essa força, completamente afastado de sua experiência. Alguns também podem ter tido a experiência de terem sua agressão expulsa deles às pauladas. Assim, na infância, não tiveram chance nenhuma de mostrar raiva e fúria. Por isso, nunca aprenderam a lidar de forma construtiva com a agressão. O objetivo dessa força em nós é regular a relação entre proximidade e distância. Tornamo-nos agressivos quando alguém ultrapassa os nossos limites. No entanto, se reprimirmos a agressão porque ela contradiz a nossa autoimagem, ela não "desaparece" simplesmente. Ela cai na sombra, no passivo, no inconsciente, e a partir daí exerce um efeito destrutivo em nós e no nosso ambiente.

A psicóloga Linda Siegmund define a agressão passiva da seguinte forma: "Um comportamento passivo-agressivo significa expressar seus verdadeiros sentimentos negativos de uma forma passiva e indireta. Mesmo que esteja realmente aborrecido, zangado ou frustrado com uma situação ou pessoa, a pessoa não será capaz de mostrar abertamente esses sentimentos. Em vez disso, ela os reprime e os exagera. Inicialmente, isso parece demonstrar atenção e afeto pelas pessoas, mas suas ações rapidamente lhe mostram um lado diferente" (Siegmund, *Passive Aggressive*, 5). A psicologia chama a agressividade passiva um transtorno de personalidade. As pessoas que sofrem dessa doença querem ser reconhecidas pelos outros. Por isso, estão em um conflito eterno com seus sentimentos. Por um lado, querem pertencer; por outro lado, sentem uma pressão interior para agir contra isso.

Existem diferentes formas de manifestação desse tipo de agressividade reprimida. E há sinais que nos permitem reconhecer a agressividade passiva em uma pessoa. Um deles é, por exemplo, a falta crônica de pontualidade. Se sempre chego atrasado, estou mostrando inconscientemente a minha agressividade contra o que os outros estão fazendo: contra os colegas na reunião ou contra os confrades na oração ou contra a própria oração, contra a qual me revolto interiormente. Um outro sinal de agressão passiva é uma forma pouco clara de se expressar para criar sentimentos de insegurança na outra pessoa. No trabalho de equipe, isso se manifesta quando procrastino e adio constantemente o trabalho, espalhando o caos porque não cumpro meus prazos e assim coloco em perigo o projeto inteiro.

Frequentemente, a agressividade passiva também é o motivo quando alguém se vê sempre no papel de vítima e age a partir daí. Uma pessoa passivo-agressiva acredita sempre que todos os outros têm uma vida melhor e mais fácil do que ela. E que a culpa é sempre dos outros ou das circunstâncias da vida quando algo na sua vida não corre como ela imaginava. Outra forma de agressão passiva é o esquecimento em relação à pessoa que me deu uma ordem ou manifestou um desejo. Depois, a pessoa alega que se esqueceu do que alguém lhe pediu.

Um exemplo: uma mulher contou que seu marido era muito forte. Ela podia contradizê-lo, mas ele continuava falando o tempo todo, apresentava tantos argumentos contrários, que ela se sentia impotente diante dele. Antes de sair para o trabalho de manhã, ele lhe diz o que ela precisa fazer. Como também tem uma forte consciência ambiental, ele a proíbe de comprar brinquedos de plástico para a criança. À noite, quando ele pergunta se ela fez isso ou aquilo, ela simplesmente diz: "Ah, me perdoe, eu esqueci". E quando ele a censura por ter comprado um brinquedo de plástico para a criança apesar da sua proibição, ela responde: "Não reparei nisso. Não era claramente visível". O esquecimento e a desculpa dela são expressões típicas da sua agressividade passiva. Aqui, a mulher precisa usar a agressão passiva, porque ela não se atreve a tornar-se ativamente agressiva em relação ao marido e a contradizê-lo. Pois ela não teria chance nenhuma.

Outra forma de expressão do comportamento passivo-agressivo é a dureza com que a pessoa julga os outros. Depois, ela projeta a agressividade reprimida sobre os outros. Ou então esconde a agressividade por trás de um comportamento enfaticamente amigável.

Um exemplo: em uma celebração de batismo um casal amigo chegou um pouco atrasado porque tinha ficado preso em um engarrafamento. A mãe da pessoa que ia ser batizada cumprimentou o casal, mas por trás da fachada e na sua escolha de palavras percebia-se sua agressividade: "Ah, que bom que finalmente conseguiram chegar". Ela diz isso com muita simpatia. Mas a palavra "finalmente" denuncia sua agressividade. O casal se sente pouco à vontade durante a cerimônia de batismo. A agressividade passiva da mãe estragou a alegria da celebração.

Outra forma é a teimosia: "As pessoas que, de modo teimoso e intransigente, fazem o que querem, provocam uma forte agressividade em seu interlocutor, porque este se sente incapaz de exercer qualquer influência sobre o recusador" (Stahl, *Das Kind in dir*, 106). Exteriormente, a pessoa passivo-agressiva mantém-se completamente calma. Mas é precisamente essa calma imóvel que pode "enfurecer tanto a outra pessoa que, no final, ela é a culpada, porque se rende a uma raiva impotente" (Stahl, *Das Kind in dir*, 106).

Na verdade, a agressão passiva se esconde frequentemente por trás de uma fachada amigável. Não é visível para o mundo exterior. Mas o interlocutor – ou, como no exemplo, o casal amigo – sente a agressão crescendo em seu interior. Percebe-se que a outra pessoa não é tão amigável como aparenta ser, mas que existe uma agressividade reprimida por trás de sua aparência. Esta se manifesta frequentemente por meio de uma fala exageradamente gentil.

Um exemplo: acompanhei um padre que, externamente, era muito simpático. Mas após uma hora de conversa, eu estava cheio de agressividade. No início, achei que esse homem me fazia lembrar de alguém que tinha me magoado. Mas ao falar com a equipe de terapeutas da Casa Recollectio, percebi que o problema não era meu. Esse homem irradiava uma agressividade passiva típica. Por trás da fachada amigável, muitas vezes, existe uma dureza ou uma presunção e, por trás da voz suave, escondem-se as exigências agressivas. Às vezes, essa agressividade reprimida também adoece o corpo. O corpo precisa, então, manifestar a agressão, porque a pessoa não se atreve a fazê-lo conscientemente.

Uma estudante contou o caso de uma colega que, vira e mexe, tem uma enxaqueca. Depois, ela intimida os outros alunos: ninguém pode rir ou falar alto. Todos precisam orientar-se por ela. É claro que costuma ser difícil interpretar esse comportamento. Mas a estudante era externamente simpática e afetuosa. Ela não ousava ser agressiva. Mas, através de sua enxaqueca, ela vivia inconscientemente essa agressividade. Mas esse comportamento tem um efeito destrutivo não só para a estudante que sofre de enxaquecas, mas também para os que a cercam.

Soluções terapêuticas

Para encontrar uma solução do ponto de vista terapêutico, trata-se, antes de mais nada, de reconhecer o comportamento passivo-agressivo e identificar as situações em que ele ocorre. Para isso, você pode se perguntar: com quem fui passivo-agressivo? Por que com essa pessoa em particular? Quem ou o que ela me faz lembrar? O que ela desencadeia em mim? Qual foi o fator que desencadeou o meu comportamento? Ao analisar as situações em que você reage de forma passivo-agressiva, você descobrirá também algumas das causas. Talvez seja a inveja que você não ousa admitir. Ou você não se atreve a mostrar seus verdadeiros sentimentos à outra pessoa.

O segundo passo é assumir a responsabilidade por si mesmo e pelo seu comportamento, em vez de se esconder atrás de seu comportamento passivo-agressivo. Uma tarefa importante para curar e transformar a agressividade passiva é analisar os próprios sentimentos agressivos e ter uma percepção honesta de si mesmo. Em vez de reprimir os sentimentos, procure uma forma de expressá-los. Assim, você pode desenvolver uma relação em nível de igualdade. Às vezes, porém, os sentimentos são tão fortes que talvez seja necessário retirar-se da situação de tensão e sair da sala ou fazer um passeio. Assim, é possível olhar para a situação de forma mais objetiva. A pessoa entra em contato consigo mesmo e pode reconhecer como poderia reagir aos outros de forma mais adequada.

Soluções bíblicas

Na nossa perspectiva, a história bíblica que trata da agressão passiva é a de Esaú e de seu irmão gêmeo Jacó. A história dos dois irmãos se encontra em Gênesis, capítulos 27 a 33: Esaú é o irmão vital, fisicamente mais forte, enquanto Jacó é o irmão mais astuto que engana o irmão. Esaú está cheio de raiva contra Jacó porque este o traiu duas vezes: primeiro, comprou dele o direito da primogenitura através de um truque e depois, com a ajuda de sua mãe Rebeca, conseguiu obter a bênção da primogenitura. Esaú quer matar o irmão por causa disso, para extravasar sua agressividade. Jacó é externamente amigável. Mas por trás de sua estratégia para enganar o irmão também se esconde uma agressividade. Ele não a demonstra, mas ela se dirige claramente contra seu irmão. Labão, o sogro de Jacó, tenta enganá-lo, não lhe dando Raquel, a mulher que Jacó ama, como esposa, mas sim Lia. Jacó a aceita, mas acaba por se vingar do sogro: com um truque, leva dois terços dos seus bens. Também aqui a agressividade se esconde por trás do que parece ser um comportamento puramente racional e inteligente.

A caminho de casa, Jacó recebe a informação de que seu irmão Esaú está vindo a seu encontro. Agora Jacó fica com medo. Agora terá que enfrentar sua própria verdade. A noite inteira ele luta sozinho com um estranho. A Bíblia deixa em aberto se esse homem é Deus, um anjo ou um inimigo. Em todo caso, Jacó precisa encarar a luta. Agora ele luta abertamente com a sua agressividade e com suas sombras reprimidas. Ele é ferido no quadril pelo homem, mas também é abençoado por ele. Por isso, ele sai transformado do combate. Ele não é mais o mesmo. Ele manca, caminha mais devagar e com mais cautela. E agora, quando encontra seu irmão Esaú, os dois podem se reconciliar. Uma transformação ocorreu em ambos.

Se relacionarmos a história de Jacó e Esaú à forma de lidar com a agressividade, podemos ver a seguinte solução: não adianta esconder a agressividade por trás de um comportamento aparentemente racional. Precisamos enfrentar nossa própria verdade, e isso significa: a nossa agressividade. Precisamos admitir. Então, percebemos que ela não se volta apenas contra a pessoa que queremos prejudicar com nossos truques e enganos racionais. Jacó acabou expressando sua agressão ao pai em seu irmão Esaú, porque ele se sentiu negligenciado pelo pai. Por isso, é bom observar exatamente contra quem nossa agressividade se dirige. E, depois, é importante enfrentar esse fato e o confronto com aquele que é o verdadeiro alvo. Já não basta, então, fingir-se de amigável por fora e esconder a própria agressividade atrás de intrigas e maquinações. Em determinado momento, a agressão se torna visível para todos. Então, precisamos enfrentá-la. Se lutarmos abertamente com o adversário, a agressão pode se transformar. Enfrentamos a nossa verdade e permitimos que a outra pessoa nos revele a sua. Isso esclarece a agressão e a transforma. Jacó sai transformado da luta noturna.

Perguntas sobre como lidar com o comportamento passivo-agressivo

De onde vem a agressividade passiva?

Ela tem sua origem na repressão das agressões que sinto dentro de mim. Porque as rejeito como algo negativo e como algo que não corresponde à minha autoimagem, eu as reprimo. E assim ela se expressa de forma passiva.

O que eu ganho ao ser passivo-agressivo?

Tenho a vantagem de, por fora, ser sempre correto e simpático, de poder preservar minha imagem ideal de mim mesmo como uma pessoa simpática e agradável. E eu me protejo das minhas agressões, das quais tenho medo porque posso ser dominado por elas. Mas essa vantagem aparente se transforma em desvantagem, porque acabo sendo dominado pela agressividade passiva.

Como a agressividade passiva destrói a relação com os outros?

Ela confunde as pessoas que me cercam porque elas não conseguem entender meu comportamento. E provoco agressividade e, por fim, rejeição nos outros. O objetivo de ser sempre amigável se transforma no oposto: os outros me acham difícil e preferem evitar-me.

Como eu me liberto do mecanismo da agressividade passiva?

Só consigo me libertar da agressividade passiva quando tenho a coragem de enfrentar meus verdadeiros sentimentos agressivos, tentando olhar para eles sem medo e perguntando-me qual é seu objetivo. O objetivo é lidar bem com as minhas agressões em vez de deixar que elas me controlem. Elas me convidam a impor meus limites e a ver o outro como um espelho para mim, no qual posso me ver honestamente.

3. Projeção

Outro mecanismo que distorce e dificulta as nossas relações é a projeção. O termo vem da palavra latina *proiecere* = arremessar, fazer sobressair, jogar no chão. Portanto, projetar significa lançar uma imagem em uma tela. Isso acontece frequentemente na esfera interpessoal. Não vemos a outra pessoa como ela é, mas lançamos uma imagem sobre ela, que depois turva ou obscurece a imagem original ou a apaga completamente. Deixamos de ver essa pessoa e vemos apenas a imagem que lançamos sobre ela, a imagem que fizemos dela.

A pergunta é: Por que fazemos isso? E que imagens são essas? Podemos distinguir quatro imagens diferentes: 1) nossas sombras reprimidas; 2) nosso sentimento de culpa; 3) as imagens da nossa própria história de vida; por exemplo, a imagem do pai, da mãe ou do irmão ou irmã; 4) nossos desejos e anseios.

O fato de vermos na outra pessoa a nossa própria sombra reprimida significa que projetamos na outra pessoa aquilo que não queremos reconhecer ou aceitar em nós mesmos. Os sentimentos desagradáveis que reprimimos se tornam parte da chamada sombra. Se não estou preparado para enfrentar meus lados sombrios, então, inconscientemente, projeto-os nos outros. Muitas vezes, nem nos damos conta disso, mas com os meus lados sombrios escureço a imagem do meu interlocutor. Por exemplo, se não me sinto à vontade para admitir minhas próprias tendências narcisistas, eu as projeto nos outros. Então vejo pessoas narcisistas por todo lado. Quando conheço outra pessoa, projeto nela meu narcisismo. Isso distorce a imagem dela. Vejo nela apenas a minha imagem. A projeção é uma tentação generalizada de jogar no outro aquilo que não consigo ou não quero aceitar em mim e de censurá-lo. Projeto no outro a imagem que não consigo ver em mim.

Muitas vezes, meus lados sombrios são ativados pelo mau comportamento dos outros. Mas eu me recuso a aceitá-los em mim. Irrito-me com os outros e os acuso de serem desumanos. Para Carl Gustav Jung, a projeção é sempre um sinal de que não aceitei minha sombra. Segundo ele, o homem tem sempre dois polos dentro de si: o amor e a agressão, a razão e a emoção, a disciplina e a indisciplina, a ordem e a desordem, a confiança e o medo, os pontos fortes e as fraquezas.

Se eu só aceitar o "lado luminoso", mas não aceitar o polo oposto em mim, então ele cai na sombra. E eu o transfiro para os outros: por não aceitar minha falta de disciplina, acho que a outra pessoa é indisciplinada. Ou porque não confio em mim, com medo de que os lados sombrios possam abalar a imagem que tenho de mim mesmo, desconfio dos outros. Uma profunda desconfiança emana de mim inconscientemente, embora eu transmita ao mundo exterior que quero confiar em todos.

Uma pessoa que gosta de ser o centro das atenções repreende o outro porque pensa que ele é um egoísta que só se preocupa consigo mesmo e sempre quer ser o centro das atenções. Quando xingamos os outros, devemos perguntar a nós mesmos: Será que o que eu realmente quero é desviar meu olhar da minha verdade? Hermann Hesse disse: "O que não está em nós não nos perturba". Consequentemente, deveríamos examinar mais de perto nossas fofocas sobre os defeitos dos outros, para percebermos que, na realidade, estamos falando de nós mesmos. Pois estamos falando dos mesmos defeitos que carregamos dentro de nós, mas que não queremos admitir.

Os primeiros monges conheciam esse mecanismo. Um monge vê outro monge tendo relações sexuais com uma mulher. Então, ele o condena. Mas depois ele se aproxima do que está acontecendo e percebe que, na realidade, se trata apenas de um monte de trigo. Ele projetou sua fantasia de ter contato sexual com uma mulher em uma pilha de grãos. É por isso que os monges aconselham: quando você vê alguém a pecar, diga sempre a si mesmo: "Eu pequei". Isso nos parece estranho. Mas é aí que reside o bom conselho de ver o outro como um espelho para nós mesmos, no qual nos reconhecemos com todas as facetas que preferimos reprimir.

O mecanismo de projeção está muito difundido na nossa sociedade. Não estamos preparados para perceber as pessoas públicas sem julgá-las. Ficamos indignados com elas quando as mídias noticiam algo negativo. Na realidade, projetamos nessas pessoas as nossas sombras, os nossos desejos e as nossas necessidades reprimidas. Isso nos impede de enfrentar a nossa verdade.

Toda a indignação contra os outros é apenas uma forma de fechar os olhos à nossa realidade. Mas esse mecanismo também está muito difundido na Igreja. As pessoas se irritam com aqueles que transgridem os mandamentos de Deus. Falar dos pecados dos outros nos impede de ver os nossos pecados.

Por exemplo, se alguém se opõe fervorosamente ao aborto e à homossexualidade, existe por trás disso também a pergunta se ele está projetando nos outros as suas tendências homossexuais pessoais ou sua própria tentação de fazer um aborto. Todos os seres humanos têm lados homófilos dentro de si. Se eu os rejeito em mim, eu condeno frequentemente todas as pessoas homossexuais e não me dou conta de que, na realidade, estou apenas evitando minha própria verdade.

Segundo Carl Gustav Jung, muitas vezes, o mecanismo de projeção se manifesta na relação entre homem e mulher. Ele afirma que cada ser humano possui partes masculinas e femininas da alma. Ele as chama de *animus* e *anima*. Se o homem não integra a *anima*, mas a rejeita, isso se manifesta, por exemplo, em um mau humor constante, que ele projeta na mulher. É por culpa dela que ele não está bem ou que está irritado. Os humores do homem distorcem suas relações afetivas com as mulheres. Outra forma de projetar sua *anima* reprimida é quando o homem desvaloriza a mulher.

Muitas vezes, a *anima* reprimida se expressa por meio de explosões violentas contra as mulheres. Mas quando as mulheres não integram o *animus*, este se expressa frequentemente em opiniões entrincheiradas. Estas se baseiam em pressupostos inconscientes que, por isso, não podem ser abaladas. Tornam-se princípios invioláveis que não podem ser questionados. Jung escreve: "Inconscientemente, tais mulheres só procuram irritar o homem, sucumbindo ao *animus* por completo" (Jung, OC 7/2, § 335). Especialmente nos círculos eclesiásticos, é frequente verificar que os pastores e presbíteros não integraram sua *anima* e, por isso, desvalorizam as mulheres.

A segunda imagem diz respeito ao sentimento de culpa. Já que ele nos deixa desconfortáveis, gostamos de projetá-lo nos outros. Por exemplo, quando se torna público que alguém sonegou impostos, isso nos irrita terrivelmente. Condenamos esse comportamento descarado e, muitas vezes, não nos damos conta de que estamos apenas projetando nosso sentimento de culpa. Ao falarmos da culpa do outro não precisamos enfrentar a nossa culpa e nos recusamos a admiti-la. Às vezes, projetamos nosso sentimento de culpa em grupos inteiros da nossa sociedade: nos empresários que só veem as suas próprias vantagens, nos médicos que nunca admitem os seus erros.

Na realidade, quando repreendemos os outros, sejam eles indivíduos ou grupos, desviamos a atenção da nossa própria culpa. Pois quem de nós não gostaria de ter mais dinheiro? E quem de nós admite seus erros? Os primeiros monges nos aconselham a ver um espelho naquele que se tornou culpado. Assim, a culpa do outro pode levar-nos a perceber que todos nós somos culpados de alguma forma. A falta de reconhecimento de culpa leva à projeção. Por isso, só conseguimos nos libertar do mecanismo da projeção quando admitimos nossa culpa pessoal. Mas isso só é possível quando nos sentimos incondicionalmente aceitos por Deus.

A terceira imagem provém frequentemente da nossa biografia. Por exemplo, posso projetar a imagem do meu pai no meu chefe. Assim, vejo nele lados que ele não vive. Mas, devido à minha experiência paterna, projeto-os nele. Ou projeto em uma colega que cuida muito bem dos seus empregados a imagem da minha mãe, por quem me senti enganado. Assim, não consigo julgar objetivamente nem o comportamento dessa mulher nem a mulher em si. Só vejo em tudo minha mãe, que me irritava com seus cuidados excessivos. Projeto a imagem do meu irmão, que muitas vezes me tratou de forma injusta e me desvalorizou, em uma outra colega de trabalho. E em um colega, projeto a imagem da minha irmã, que sempre foi a preferida dos meus pais. É claro que, às vezes, os outros também têm qualidades nas quais projeto as imagens dos meus pais ou dos meus irmãos, porque correspondem aos comportamentos ou ações deles. Mas então não faço justiça às pessoas que me cercam, mas distorço sua percepção através da minha projeção.

A quarta imagem que projetamos nos outros é a dos nossos desejos e anseios. Podemos observar esse tipo de projeção frequentemente em fãs extremos de uma pessoa famosa ou em seguidores de um líder espiritual que admiram seu ídolo ou o glorificam como algo divino, como um segundo Jesus. Admiram o astro para participar de sua grandeza. Por se sentirem pequenos, eles projetam o que lhe falta em um ator, em um atleta, em um autor ou em outras pessoas que estão no centro das atenções. Na esfera religiosa, ou são os gurus espirituais que se tornam figuras de projeção ou são os padres, nos quais muitos projetam seus desejos de santidade e, sobretudo, de piedade profunda.

Soluções terapêuticas

Neste caso, a psicologia nos aconselha a olhar para nós mesmos com honestidade. E ela nos convida a perguntar a nós mesmos, sempre que nos irritamos com os outros: Ao que a outra pessoa apela em mim? Será que algo daquilo que me perturba na outra pessoa não se encontra também em mim? Depois, devemos aceitar isso com toda humildade. Carl Gustav Jung nos mostra formas de aceitar a nossa sombra. Assim, libertamo-nos lentamente do mecanismo de projeção. Segundo Carl Gustav Jung, reconhecemos a sombra, por um lado, nas nossas reações violentas aos outros e, por outro lado, nos nossos sonhos. Se algo – uma pessoa ou um animal – nos persegue em um sonho, isso é uma imagem da nossa sombra. Aquilo que não aceitamos em nós mesmos nos persegue.

Se uma pessoa que não conseguimos reconhecer claramente nos assombra, ela representa o lado sombrio em nós que não conseguimos aceitar. Se é um animal, devemos nos perguntar se integramos suficientemente o nosso lado vital e o lado instintivo na nossa vida, pois, segundo Carl Gustav Jung, os animais representam nossa vitalidade e, às vezes, também a nossa sexualidade. Nos contos de fadas, os animais são frequentemente ajudantes e personificam a sabedoria do instinto.

Se uma mulher nos assedia em um sonho, isso é uma imagem de que não aceitamos nossa *anima*, o lado feminino da nossa alma. Aquilo que nos persegue quer nos ajudar. Assim, quando aceitamos a sombra, ela se torna uma fonte de vivacidade e confiança.

Jung acredita que os padrões de comportamento que vivemos conscientemente correspondem sempre a uma atitude contrária no inconsciente. Por isso, devemos dedicar-nos a essas atitudes contrárias com toda humildade. Jung dá o exemplo dos músicos que têm um ótimo senso musical, mas que são frequentemente duros e rudes em suas relações com os outros, ou dos padres que sempre têm um lado muito mundano por trás do seu lado espiritual. Assim, devemos levar em conta o fato de que nunca somos apenas piedosos, justos e empáticos com os outros, mas que em nós existe sempre o oposto escondido na nossa sombra. É uma questão de nos voltarmos para os polos opostos em nós, de aceitarmos a sombra não vivida e de nos reconciliarmos com ela.

Soluções bíblicas

Jesus se refere à projeção quando diz no Sermão da Montanha: "Não julgueis e não sereis julgados. Pois como julgardes os outros, sereis também julgados; e a medida com que medirdes será usada para medir-vos. Por que olhas o cisco no olho de teu irmão e não vês a trave no teu? Como ousas dizer ao teu irmão: 'deixa-me tirar o cisco de teu olho', quando tu próprio tens uma trave no teu?" (Mt 7,1-4).

Em uma imagem drástica, Jesus mostra o que acontece na projeção: vemos todos os defeitos do outro, até o último cisco. Mas não vemos nossas próprias sombras. Estas, porém, são como uma trave em comparação com o cisco que vemos no olho do outro. Jesus fala de pessoas que têm um olhar aguçado para os defeitos dos seus semelhantes, mas que estão cegas para os seus defeitos pessoais. Enquanto os projetarem no outro e se aborrecerem com ele, elas continuam cegas para si mesmas. Assim, não reconhecerão a trave em seu próprio olho. Jesus chama de "hipócritas" as pessoas que julgam os outros: estão enganando a si mesmas e os outros. Jesus quer convidar as pessoas a olharem para a sua verdade pessoal, em vez de julgarem os seus semelhantes. Julgar nos distrai de nós mesmos e nos leva a fugirmos constantemente de nós mesmos.

Para os primeiros monges, os chamados Padres do Deserto, a exigência de Jesus de não julgar era central. É a condição para encontrar paz dentro de si mesmo e para alcançar paz consigo mesmo. Assim, o padre do deserto Poimen pergunta ao padre José: "Diga-me como me tornar um monge". Ele respondeu: "Se queres encontrar paz, aqui e ali, então diga em cada ação: eu – quem sou eu? e não julgue ninguém!" (*Apophthegmata* 385). Poderíamos generalizar essa frase. Então ela significaria: minha vida só será bem-sucedida, só encontrarei paz interior, se, em tudo que disser e fizer, eu sempre me perguntar: "Eu – quem sou eu?" Por isso, devo olhar honestamente para mim mesmo, com todos os meus defeitos e fraquezas. Se eu tiver um autoconhecimento honesto, não julgarei os outros. Porque perceberei que tudo que digo sobre eles está dentro de mim. Quando tiver percebido isso, já não projetarei mais os meus defeitos no outro. Em vez disso, verei os defeitos dele como um espelho no qual me reconheço. Olhar honestamente para mim mesmo me liberta da tendência de julgar.

A proibição de julgar os outros, tão comum entre os monges do deserto, mostra que eles conheciam muito bem essa tendência dentro de si. E sabiam que a simples proibição de julgar não nos liberta dessa tendência. Por isso, desenvolveram um exercício que – assim acreditavam – devia ser praticado durante um ano inteiro: ao perguntar-me em tudo que faço, "Eu – quem sou eu?", liberto-me gradualmente da tendência de julgar os outros. Pois volto meu olhar para mim mesmo. E quando olho para mim com honestidade, perco a vontade de julgar. Sinto que sou aceito por Deus tal como sou. Mas isso significa também que procuro aceitar o outro tal como ele é, sem me colocar acima dele. Sempre que julgo, elevo-me acima do outro. Mas trata-se de ajudar o outro a reconhecer e a aceitar seu lado sombrio. Então, pode desenvolver-se uma boa relação e eu posso encontrar paz interior. Enquanto eu julgar, os meus pensamentos não descansarão. Por isso, um padre do deserto disse a um monge: "Externamente você está em silêncio, mas os seus pensamentos estão constantemente falando porque você está constantemente julgando os outros".

É normal que avaliemos os outros. Assim que vemos uma pessoa ou um objeto, formamos um juízo de valor. Não podemos evitar isso. Mas então nossa tarefa é dizer: "Sim, eu conheço esse pensamento de avaliar ou desvalorizar a outra pessoa. Mas isso não me cabe. Não sei quem é a outra pessoa, como ela está na vida, o que lhe aconteceu. E sei que eu mesmo não sou perfeito". Por isso, sempre anulo minhas avaliações e tento permitir que o outro seja como ele é. Tomo-o como um espelho no qual me olho honestamente e me reconheço.

Quando desprezamos os outros, muitas vezes, desprezamos neles os lados que também percebemos em nós e desprezamos em nós mesmos. Para não nos depararmos com esses lados em nós mesmos, nós os projetamos nos outros. É o que mostra também a história no Evangelho de Lucas, que fala de um fariseu e de um cobrador de impostos que vão ao templo rezar. O fariseu levanta-se para rezar. Mas, na verdade, não está orando a Deus, mas a si mesmo.

Embora agradeça a Deus por não ser como os outros, ele só utiliza a oração para se colocar acima dos outros. Poderíamos dizer: ele foge da sua verdade para se refugiar na grandiosidade. Ele se apresenta como uma pessoa piedosa, que jejua e dá o dízimo de sua riqueza aos pobres. Orgulha-se de não ser como "aquele cobrador de impostos" que ele despreza. Ao desprezar o publicano, ele fica cego para a sua própria verdade mais profunda: ele fica cego para o fato de que só está usando Deus para se colocar na luz e para se sentir melhor. O cobrador de impostos, que o fariseu tanto despreza, nem sequer se atreve a entrar no templo. Fica nos fundos, junto à entrada. Ele "nem se atrevia a levantar os olhos para o céu. Batia no peito, dizendo: 'Ó meu Deus, tem piedade de mim, pecador!'" (Lc 18,13). Assim, ele faz uma avaliação correta de si mesmo: sente que ele não viveu o que Deus realmente esperava dele. Ele se confronta com a verdade da sua vida, com seu lado obscuro. Ao bater no peito, ele se sente. E pede a Deus que seja misericordioso para com ele, o pecador. Ele ora verdadeiramente a Deus e pede sua misericórdia. Jesus julga as duas orações: o publicano "voltou justificado para casa e não aquele" (Lc 18,14). O cobrador de impostos corresponde à sua verdade interior, porque é realista consigo mesmo. O fariseu, por outro lado, não viveu de acordo com sua natureza de homem piedoso e ambicioso. Projetou todas as suas facetas sombrias no cobrador de impostos e, dessa forma, considerou-se uma pessoa particularmente piedosa. Na realidade, porém, ele acabou não vivendo a vida.

Se analisarmos a segunda história em busca de uma solução para o mecanismo de projeção, vemos o seguinte caminho: trata-se de ser humilde como o cobrador de impostos. Humildade em latim é *humilitas*. O termo contém a palavra *humus* = terra. A pessoa humilde tem a coragem de descer até o fundo da alma e olhar para toda a verdade do seu ser interior. Quem tem a coragem de descer, até à zona que Carl Gustav Jung chama de sombra, está com os dois pés firmados na terra. Ele se assume do jeito que é. Isso lhe dá serenidade e confiança. O publicano bate no peito. Ele toca a si mesmo. Está em relação consigo mesmo, com seu corpo e sua alma. Isso o impede de projetar nos outros aquilo que não aceita em si mesmo.

O fariseu não se sente. Apenas relata seus grandes feitos. Define-se apenas pelo que fez. Por isso, o caminho da transformação consiste em sentir a si mesmo. Quando faço isso, entro em contato com minha verdade e perco o desejo de me tornar maior, de me engrandecer. Quando estou em relação comigo mesmo, também entro em uma relação real com Deus. O fariseu se dirige a Deus, mas, na verdade, só o usa para exibir sua grandeza. Em vez de criarmos imagens de nós mesmos na nossa mente, é importante sentir a nós mesmos. Assim, sinto também a minha verdade e me reconcilio com ela.

A Bíblia nos oferece uma terceira história para ilustrar o mecanismo de projeção, quando os erros dos outros revelam nossas necessidades pessoais e tendências inconscientes: alguns fariseus indignados trazem "uma mulher apanhada em adultério" (Jo 8,3). Para eles, é óbvio que ela deve ser condenada. Os fariseus se consideram pessoas justas e piedosas, que nunca cometeriam adultério. Por isso, esperam que Jesus mande apedrejar a mulher até a morte, como prescreve a Lei de Moisés. Dessa forma, querem testar Jesus.

Mas Ele não se deixa provocar. Ele se inclina e escreve na areia. Depois levanta-se e diz a frase brilhante: "Aquele de vós que estiver sem pecado atire-lhe a primeira pedra" (Jo 8,7). Jesus não julga a mulher, mas confronta os fariseus com sua própria verdade. Eles devem procurar dentro de si mesmos a razão de sua indignação contra essa mulher. Ao fazê-lo, descobrirão que eles mesmos têm desejos sexuais semelhantes aos que a mulher viveu. Em vez de a condenarem, devem se dar conta de sua própria verdade, de suas necessidades sexuais inconscientes ou reprimidas, e admiti-las humildemente. Jesus permite que a mulher admita sua culpa, não a condenando, mas aceitando-a incondicionalmente. "Erguendo-se, disse para a mulher: 'Mulher, onde estão eles? Ninguém te condenou?' Ela respondeu: 'Ninguém, Senhor'. Jesus lhe disse: 'Nem eu te condeno. Vai, e de agora em diante não peques'" (Jo 8,10s.).

Porque Jesus não condena a mulher, ela pode enfrentar sua verdade. Mas, ao mesmo tempo, Ele lhe transmite sua dignidade e lhe dá esperança de que sua vida pode ser bem-sucedida.

Perguntas sobre como lidar com a projeção

Qual é a causa do mecanismo de projeção?

A causa é sempre a repressão das nossas sombras. Não quero enfrentar as sombras porque elas põem em risco a imagem ideal que tenho de mim mesmo.

O que ganho com a projeção?

A vantagem é que não preciso enfrentar minha verdade. Continuo me vendo como uma pessoa madura e disciplinada, espiritual e perfeita. E, assim, coloco-me acima dos outros. Vejo os defeitos e as fraquezas deles. Isso me poupa do autoconhecimento honesto e do encontro doloroso comigo mesmo.

Como o mecanismo de projeção destrói e obscurece minhas relações?

As projeções me impedem de ver a outra pessoa como ela é e de conhecê-la em sua personalidade. Vejo-a sempre apenas através das lentes das minhas projeções. Essas lentes obscurecem minha visão e é por isso que não é possível ter uma relação verdadeira. As projeções também levam a discussões. Pois quando acuso a outra pessoa das minhas fraquezas reprimidas, ela tenta se justificar. Depois, há discussões intermináveis, mas que não levam a lugar nenhum, porque ninguém se afasta do seu ponto de vista.

Como me livro do mecanismo de projeção?

Isso só é possível se eu buscar um autoconhecimento honesto. Se a outra pessoa não for simpática comigo ou se eu tiver dificuldades de lidar com ela, posso perguntar-me: Será que a outra pessoa é assim tão difícil que eu precise me afastar dela para me proteger? Ou será que projeto nela meus próprios problemas e, por isso, a percebo como antipática? No entanto, uma projeção nunca é apenas um problema unilateral, pois as minhas transferências também têm um ponto de contato na outra pessoa. Se uma pessoa me parece antipática, devo perguntar-me: Qual é a dimensão da projeção e qual é a dimensão do caráter objetivo da outra pessoa na minha rejeição interior? Depois, posso tentar esclarecer a relação com a outra pessoa. Se, por exemplo, eu sentir que vinte por cento da minha rejeição se baseia no fato de a outra pessoa me lembrar dos meus lados sombrios, então posso distanciar-me com a consciência tranquila e admitir para mim mesmo: mas oitenta por cento do que eu sinto em termos de rejeição reside realmente na peculiaridade dessa pessoa.

4. Complexos de inferioridade

Complexo de inferioridade – um termo psicológico que gostamos de usar na sociedade e na Igreja.

O psicólogo vienense Alfred Adler, contemporâneo de Sigmund Freud, cunhou o termo "sentimento de inferioridade". Inicialmente, partiu do princípio da inferioridade física, mas depois falou também de um sentimento psicológico de inferioridade. A psique – segundo Adler – procura compensar essa inferioridade. Ela pode ser bem-sucedida se fizermos um esforço e conseguirmos algo. Isso transforma o sentimento de inferioridade.

Mas há, também, compensações fictícias ou compensações que têm um efeito negativo sobre o indivíduo e as nossas relações. Uma dessas compensações fictícias é a necessidade de poder. As pessoas com sentimentos de inferioridade frequentemente exercem um poder brutal sobre os outros.

Mas isso prejudica não só o dominado, mas também o dominador, porque ele fica preso na sua inferioridade. Muitas pessoas em posições de liderança que se sentem inferiores compensam esse fato com seu comportamento autoritário. Na Igreja, observa-se algo semelhante. Os pastores que se sentem inferiores se escondem atrás da autoridade do seu cargo. Outra falsa compensação é o fato de eu estar constantemente desvalorizando e menosprezando os outros. Porque eu me sinto inferior, preciso menosprezar os outros para poder acreditar na minha própria grandeza. Uma terceira forma de reagir a sentimentos de inferioridade é cair no papel de vítima. Especialmente em relacionamentos amorosos, acontece frequentemente que um dos dois se sente inferior ao outro – porque este tem mais estudos ou ganha mais dinheiro. Então, o outro se percebe como vítima, talvez porque não lhe tenha tido uma boa formação. E, às vezes, um dos parceiros também se torna agressor, quer insultando o outro, quer tornando-se violento.

Uma quarta forma de compensação ilusória é a fuga para a grandiosidade: porque não consigo aceitar nem suportar minha inferioridade, eu me refugio em autoimagens infladas – no sentido profano ou espiritual. No plano mundano, acredito que sou um gênio que resolve todos os problemas ou o funcionário mais capaz, o jogador de futebol mais brilhante... A culpa de eu não conseguir manifestar esse gênio de forma visível no trabalho é do superior, do chefe ou do treinador.

No plano espiritual, a pessoa se refugia em imagens grandiosas do santo, da pessoa iluminada, do místico talentoso ou até mesmo do profeta que proclama a mensagem de Jesus ao mundo de uma forma nova ou de um salvador que pode salvar o mundo. A fuga para a grandiosidade pode apresentar-se também de tal forma que a pessoa delira e se identifica com um astro – um jogador de futebol brilhante, uma atriz ou cantora ou um guru espiritual. Muitos esperam que isso fortaleça sua autoestima. Mas é apenas um sentimento emprestado que não nos torna fortes de verdade. Pelo contrário, torna-nos dependentes do ídolo.

Os sentimentos de inferioridade surgem quando uma criança não se sente suficientemente vista, quando não é apreciada, quando lhe dizem constantemente que ela não é capaz de fazer nada, que não vale nada, que não corresponde às expectativas dos pais. O psicólogo Joseph Rattner escreve: "As crianças que ficam na sombra, que são marginalizadas, pobres, ilegítimas, indesejadas e maltratadas, agem como traficantes de poder que passam por cima de cadáveres, se necessário" (Rattner, *Individualpsychologie*, 39). O sentimento de inferioridade pode então traduzir-se em comportamentos culposos. Existem diferentes formas de poder. Nem sempre o poder se manifesta como energia violenta, ele pode também ser exercido através da impotência ou de outros métodos mais passivo-agressivos (cf. acima).

Todos nós conhecemos pessoas que sofrem de complexos de inferioridade. Talvez um chefe que se sente inferior e que, por isso, menospreza constantemente seus funcionários. Ele os critica duramente, os acusa de não conseguirem fazer nada, de serem incapazes de fazer seu trabalho. Ele os magoa com suas afirmações, porque assim se sente mais forte. Sente que, com suas palavras ofensivas, está efetuando algo nas pessoas, que está exercendo poder sobre elas. Na realidade, sua demonstração de poder apenas o isola ainda mais dos funcionários e ele se sente não aceito. Isso reforça seu sentimento de inferioridade.

Ou em um círculo de amigos: há alguém que sempre precisa falar de si mesmo e ser o centro das atenções. Segundo ele, o que ele faz é sempre maravilhoso, bem-sucedido e admirado pelas pessoas. Mas, com a sua vontade de falar constantemente dos seus grandes feitos, ele irrita cada vez mais os seus amigos, que já não gostam de convidá-lo para seus encontros. Com suas tentativas exageradas de compensar sua inferioridade, ele fica cada vez mais isolado.

Soluções terapêuticas

A cura do sentimento de inferioridade é possível quando conseguimos desenvolver uma autoestima saudável. Mas isso só pode ser alcançado se primeiro nos despedirmos das nossas fantasias de grandeza. Precisamos lamentar o fato de sermos como somos, de termos estes corpos, de termos essa educação e talento, de termos essa profissão, essas habilidades, mas também as nossas limitações em relação a tudo isso. Só quando nos aceitamos como somos e quando reconhecemos nosso verdadeiro valor, que independe da educação, da aparência e do sucesso, é que o complexo de inferioridade pode ser curado. Às vezes, também pode ajudar fazer um esforço extra nos estudos ou no trabalho para ser bem-sucedido ou querer alcançar algo com energia em outro nível. Isso pode reforçar a autoestima. No entanto, o sentimento de inferioridade pode continuar a surgir. Nesse caso, é preciso aceitá-lo, entendê-lo como um impulso para fazer algo com a vida.

Uma forma de superar a inferioridade é lembrar-se de boas experiências, de pessoas que nos deram valores, que nos aceitaram incondicionalmente, de tudo que já conseguimos conquistar. A psicologia nos diz: devemos parar de nos comparar com os outros, devemos nos assumir como somos. Assim, com o tempo, ganharemos um bom-senso de autoestima.

Soluções bíblicas

Em seu evangelho, Lucas conta uma história típica de pessoas com complexos de inferioridade (Lc 19,1ss.). É a história de Zaqueu, chefe dos cobradores de impostos, que "era muito baixo", como diz a Bíblia, e muito rico. Podemos imaginar que ele tentava compensar sua inferioridade, resultado de sua estatura baixa, ganhando o máximo de dinheiro possível. Queria, assim, ser visto e reconhecido. Mas conseguiu exatamente o contrário: foi apelidado de "pecador" pelos fariseus, o grupo religioso dominante no judaísmo, e seus companheiros também não queriam ter nada a ver com ele, porque ele compactuava com os ocupadores, os romanos. Por isso, sofria muito. Agora ele soube que Jesus passaria pela cidade dele. E algo o tocou, despertou nele o desejo de viver de forma diferente. Por isso, subiu em uma figueira. Queria esconder-se atrás das grandes folhas e observar Jesus de perto. Mas Ele o viu. Jesus para e olha para ele. A palavra grega *anablepo* significa "olhar para o céu" e se refere à visão espiritual. Jesus vê o céu naquele homem a quem os outros chamavam de pecador. Ele vê seu desejo de algo maior, o desejo de bondade, de Deus. Jesus olha para Zaqueu de tal forma que este consegue ver sua culpa, que ele mesmo provocou em uma tentativa de compensar seu sentimento de inferioridade. Olhar para Jesus leva Zaqueu a reconhecer sua culpa, mas também a reconhecer sua doença.

Agora, ele consegue aceitar que tem complexos de inferioridade. Mas quando ele se aceita com sua inferioridade, seu sentimento se transforma. Não é a reprovação que leva ao reconhecimento de culpa e de doença, mas o fato de ser visto. O fato de Jesus vê-lo sem reprovação inicia a transformação de Zaqueu.

O segundo passo da transformação acontece por meio da palavra de Jesus. Ele não critica o chefe dos cobradores de impostos, mas se dirige a ele, dizendo simplesmente: "Zaqueu, desce depressa, pois hoje devo ficar em tua casa" (Lc 19,5). Jesus confia em Zaqueu. Ele não julga seu comportamento e não o censura pelos seus erros. Pelo contrário, Ele quer ser seu hóspede.

Este é o terceiro passo da transformação: Jesus quer simplesmente compartilhar uma refeição com ele. Na Antiguidade, comer com uma pessoa significava: quero vivenciar comunhão com ela. Interesso-me por ela. Não a julgo. Esses três passos transformam o chefe dos publicanos. Agora ele está disposto a dar metade da sua riqueza aos pobres e, àqueles que defraudou, devolverá o quádruplo. Com isso, ele envergonha os fariseus, que se aborrecem com o fato de Jesus comer e beber com os cobradores de impostos. Jesus transforma Zaqueu, não por meio do moralismo, mas olhando para ele com amor. Agora Zaqueu reconhece o mecanismo do complexo de inferioridade e já não precisa mais expressá-lo, acumulando o máximo de dinheiro possível, mas se liberta dele. Ele é capaz de ver sua culpa. E essa percepção conduz a um novo comportamento. O sentimento de culpa que os fariseus tinham transmitido a Zaqueu não o transformou. Mas a aceitação incondicional de Jesus despertou o bem que havia nele.

Jesus fala do "hoje" duas vezes nessa história: "Hoje devo ficar em tua casa". E: "Hoje a salvação entrou nesta casa". O Evangelista Lucas quer dizer com isso: em cada celebração eucarística, o que aconteceu no passado acontece hoje. Jesus olha para mim e vê em mim o céu, o desejo de Deus. E confia que eu sou capaz de algo. Ele simplesmente deseja vivenciar comunhão comigo. Desse modo, Jesus quer dissolver os meus sentimentos de inferioridade na celebração da Eucaristia. Mas o comportamento de Jesus é também um convite para que eu olhe para as pessoas com os olhos dele e reconheça o céu mesmo naqueles que me irritam por sempre sentirem a necessidade de ocupar o centro das atenções, e me dê conta de seu anseio por Deus.

Lucas nos mostra uma boa maneira de sairmos do sentimento de inferioridade. Por um lado, precisamos de pessoas que nos aceitem incondicionalmente, que confiem em nós e nos prometam algo. Por outro lado, precisamos de pessoas que se comuniquem conosco em pé de igualdade, em vez de terem pena de nós ou de se sentirem superiores a nós. É curador quando encontramos pessoas que não nos julgam, que não nos censuram pelas nossas tentativas negativas de compensação, mas que confiam em nós. Assim, aos poucos, aprendemos a confiar em nós mesmos e a desligar-nos dos nossos sentimentos de inferioridade. Assim, quem sofre de sentimentos de inferioridade precisa de outras pessoas que o ajudem a libertar-se deles. Mas a própria pessoa precisa fazer algo. Zaqueu permite que Jesus o convença a sair de seu esconderijo. Ele desce da árvore e enfrenta a sua verdade.

Ele se coloca diante de Jesus e encara o que Jesus vê nele e lhe promete. Ele está disposto a admitir sua culpa e seus sentimentos de inferioridade. Depois ele aceita compartilhar uma refeição com Jesus e com outros cobradores de impostos. Em outras palavras, ele se envolve com a comunidade. Para o psicólogo Alfred Adler, a cura do sentimento de inferioridade passa pelo sentimento de comunidade, ou, como ele dirá mais tarde: pela co-humanidade. Zaqueu está disposto a transformar sua relação com as pessoas. Ele celebra em conjunto com os outros. Agora ele já não precisa mais colocar-se acima deles, mas pode desfrutar da união na celebração.

A história de Zaqueu, o cobrador de impostos, nos mostra outro caminho: em Jesus, o próprio Deus aceita Zaqueu incondicionalmente. Alguns conselheiros dizem: Deus nos liberta do sentimento de inferioridade porque Ele nos aceita incondicionalmente. Isso certamente é verdade. Mas a pergunta é como eu posso experimentar e sentir essa aceitação incondicional de Deus. A crença abstrata de que Deus me aceita ainda não me transforma. Mas se eu me apresentar a Deus repetidamente em oração com todos os meus sentimentos de inferioridade e recitar palavras da Bíblia para mim mesmo, então experimento que, diante de Deus, posso simplesmente ser.

Posso repetir para mim mesmo a palavra de Deus sobre Jesus que me foi prometida no batismo: "Tu és meu filho muito amado, a minha filha muito amada, em ti me comprazo". Muitas vezes, é preciso muito tempo para que essa palavra penetre nossa alma de tal forma que ela dissolva nossos complexos de inferioridade e nos faça acreditar de coração que somos verdadeiramente aceitos incondicionalmente.

Perguntas sobre como lidar com complexos de inferioridade

De onde vêm os sentimentos de inferioridade?

A sua razão de ser é a falta de valorização na minha própria família. Se a família sempre me julga por eu ser lento, difícil e desprovido de talentos, eu desenvolvo fortes sentimentos de inferioridade. Outra causa é a comparação. Se os pais me comparam constantemente com outras crianças, eu também me comparo constantemente como adulto e me sinto inferior aos outros.

O que ganho com meus sentimentos de inferioridade?

Os sentimentos de inferioridade me impedem de ousar a vida. Não corro riscos porque não confio em mim mesmo para nada. Por isso, vivo sempre com reservas. Isso tem a vantagem de eu não ter que assumir responsabilidades. Não confio em mim mesmo para nada. Isso pode tornar-se uma desculpa para não me envolver na vida ou no trabalho.

Como os sentimentos de inferioridade destroem as relações?

Muitas vezes, os sentimentos de inferioridade me levam a me comparar com a pessoa que é meu amigo ou meu parceiro. Depois, eu acuso a outra pessoa de ter uma vida mais fácil, de ser admirada por todos. Muitas vezes, isso gera em mim uma agressividade ou impotência. Então fico sem palavras. Mesmo que o outro me elogie, muitas vezes, eu não consigo aceitá-lo. Eu sempre me queixo de minha inferioridade. Isso pode causar muita tensão em uma relação.

Como posso me libertar de meus sentimentos de inferioridade?

Uma ajuda é deixar de fazer comparações. A segunda é aceitar-me com meus pontos fortes e minhas fraquezas. Tento ser grato por quem sou, pelos meus pontos fortes, pelo que já conquistei. E permito-me ser como sou. Ao mesmo tempo, quero me desenvolver e crescer. Reconheço a dignidade inviolável que Deus me deu.

5. Formas confusas e formas apropriadas de impor limites

Um conselho que ouvimos frequentemente dos psicólogos é: "Estabeleça limites mais fortes. Não dê aos outros tanto poder sobre você". Especialmente quando nos irritamos com os outros, somos frequentemente aconselhados a fazer isso. Mas como faço isso: Estabelecer limites? Eu me isolo? Eu me recuso a me relacionar com os outros?

Uma bela imagem do que se entende por estabelecer limites é a bacia: olho para uma bacia de água. No fundo há uma camada de terra. Quando a água está calma, ela é límpida e consigo ver o fundo. Mas se alguém esbarra na minha bacia, a terra se agita e a água fica turva. Se alguém me irrita, isso desencadeia em mim sentimentos negativos. Em um sentido figurado, minha água fica turva. Estabelecer limites é afastar a bacia da outra pessoa, para que ela não esbarre nela. Então, a água fica novamente límpida. A outra pessoa provoca uma emoção em mim. Mas cabe a mim a responsabilidade de como eu lido com essa emoção. Se eu me distanciar da pessoa que provoca minha emoção, a outra pessoa deixa de ter poder sobre mim e eu reencontro minha paz interior. Mas também preciso impor limites à minha emoção, mantendo a bacia calma para que a emoção possa assentar. Caso contrário, a emoção turvaria cada vez mais o meu interior. Uma maneira de me distanciar da emoção da outra pessoa é deixar que a minha bacia se torne mais firme. Por exemplo, se for uma bacia de pedra pesada, o impacto não consegue turvar a água tão facilmente. Ela permanece calma. Se eu aprender a estar mais comigo mesmo e não deixar que os outros me tirem do meu centro tão facilmente, então minha bacia se transforma em uma bacia de pedra, em que a água sempre permanece calma e clara.

No entanto, estabelecer limites não significa desistir da relação com o outro. Pelo contrário: se eu tiver uma bacia firme e forte, posso voltar-me abertamente para a outra pessoa sem medo de que ela turve constantemente minhas águas. Ao estabelecer limites, a relação com o outro se torna mais livre e mais autêntica. Cada um continua sendo ele mesmo e aceita o outro em sua alteridade. Dessa forma, podemos nos complementar e enriquecer mutuamente. Mas já não temos medo de ser constantemente magoados ou inundados de emoções. Percebemos as emoções do outro, mas não nos deixamos abater por elas a ponto de nos perturbarem.

Apesar de toda nossa boa vontade, nossa bacia será sempre atingida pelas emoções dos outros. Nesse caso, cabe a nós, através do silêncio ou de um exercício espiritual, fazer com que a bacia volte a ficar calma e a nossa água volte a ficar límpida. A espiritualidade fortalece a bacia para que a outra pessoa não consiga me perturbar tão facilmente.

A imposição de limites diz respeito a diferentes domínios da vida. A primeira é impor limites aos pedidos e solicitações dos outros e ter consciência do meu próprio limite: Quanto posso fazer e quanto quero fazer? Por que não consigo dizer não? Será que tenho medo de não ser tão popular se disser não? A questão aqui é que cada um encontre a medida certa para si mesmo.

Nas relações com outras pessoas, podemos distinguir entre um limite relacional e um limite emocional. O limite relacional desempenha um papel importante em relação às pessoas com as quais não mantenho laços íntimos; por exemplo, colegas de trabalho, pessoas da comunidade, pessoas que gostariam de trabalhar comigo. Quando me distancio dessas pessoas não estou fazendo um juízo de valor sobre elas. Estou apenas levando meus sentimentos a sério e admitindo para mim mesmo que elas não me fazem bem, que não quero me aproximar delas nem trabalhar com elas. Quando me distancio delas, liberto-me delas internamente. Deixo de girar em volta dessas pessoas difíceis, antes mantenho uma distância saudável. Não deixo de ter contato com elas, mas continuo convivendo com elas de uma forma amigável e aberta. Mas, ao mesmo tempo, sinto: não permito que os outros me invadam. Protejo-me da sua aura negativa e dos seus sentimentos agressivos. Percebo seus sentimentos, mas deixo-os com eles. Não encerro a relação. Mas estabeleço limites saudáveis. Dessa forma, consigo conviver bem com pessoas difíceis sem me colocar sob a pressão de ter que me dar bem com elas, de compartilhar mais com elas. Basta respeitar os outros e respeitá-los, sem permitir que se aproximem de mim.

É claro que existem também formas de estabelecimento de limites relacionais que não são boas nem para mim nem para a pessoa de quem me distancio, porque elas destroem as relações. Se estabelecer limites consiste em eu não querer ter nada a ver com a outra pessoa, em ela estar morta para mim, eu recuso a relação. Na nossa sociedade, vivemos essas formas de delimitação com frequência, por exemplo, quando as pessoas só se preocupam consigo mesmas e com as suas necessidades. São indiferentes aos outros. Nesse caso, já não se trata de impor limites, mas de uma ruptura de contato. Uma verdadeira delimitação sempre tem a ver com o respeito pelos outros.

Limites emocionais são especialmente importantes em relações íntimas, por exemplo, entre pais e filhos ou parceiros.

É uma arte estabelecermos limites de tal forma que a relação não seja posta em perigo, mas se torne uma relação madura e, ao mesmo tempo, livre. Uma boa família se caracteriza pelo fato de permitir o desenvolvimento de relações de confiança entre pais e filhos, onde os filhos experimentam um vínculo seguro. Quando essa relação de confiança não existe, a criança se agarra a um dos pais. Ou ela se isola para se proteger da decepção. Mas, nesse caso, a criança também não será capaz de formar uma relação sustentável mais tarde. Ela se distanciará de todos. Isso não é bom para ela.

Se a criança conseguiu desenvolver uma boa relação com os pais, ela precisa, ao longo de seu crescimento, cortar esses laços e separar-se dos pais de uma forma correta. Isso não significa que os filhos rompam a relação com os pais, mas que continuem a respeitar os pais pelo que lhes deram, mas que também tenham a coragem de viver sua própria vida. Isso requer o estabelecimento de certos limites.

Mas não são apenas os filhos que têm a tarefa de se separar dos pais, os pais precisam fazer o mesmo em relação aos filhos. É uma arte assumir a responsabilidade pelos filhos, por um lado, para educá-los e acompanhá-los. Por outro lado, eles precisam perceber onde estão ultrapassando os limites dos filhos, por exemplo, quando interferem constantemente nas decisões dos filhos. Não existe aqui uma solução ideal. Mas os pais devem desenvolver um bom-senso para as formas de delimitação apropriadas para quando mais atenção e proximidade fazem bem aos filhos.

A área mais difícil em termos de estabelecimento de limites é o da relação amorosa e da amizade. Quanto mais próximos estamos um do outro, mais complicada se torna esse estabelecimento de limites. Se o parceiro me magoa, é bom que eu tente distanciar-me e imaginar: deixarei a palavra que me magoou com o outro. Tento perceber o que ele quis dizer com isso. Talvez a palavra ofensiva seja apenas um pedido de ajuda para que eu leve a outra pessoa a sério. Em caso algum posso distanciar da mesma forma como me distancio das pessoas no trabalho, dizendo: o problema não é meu. Nesse caso, eu recusaria a relação. Eu me isolaria para que a outra pessoa não me afetasse. A palavra que magoa é sempre problema dos dois. Por um lado, ela expressa o estado em que o parceiro magoado se encontra no momento. Não posso ficar indiferente a isso. Por outro lado, a ofensa faz algo comigo. Estabelecer limites não significa que eu construa um muro à minha volta. Porque isso seria a morte da relação. A arte é retirar-me para meu centro na dor, mas manter a relação com o outro. Muitas vezes, a palavra que magoa me tira do meu centro. Depois, tento me justificar ou parto para o contra-ataque. Assim, retribuo a mágoa e um círculo vicioso se desenvolve.

Estabelecer limites significa perceber as palavras que magoam e a situação de crise e retirar-se para analisar, a partir de certa distância, o que está acontecendo entre as partes envolvidas. Assim, não levo a mágoa excessivamente a sério. Compreendo que a outra pessoa se sinta magoada ou negligenciada nesse momento. É por isso que ela quer me provocar. Ou então a mágoa é um pedido de ajuda: Por que você não olha para a minha situação? Impor limites na parceria significa, portanto, analisar o que está acontecendo a partir de uma distância saudável e, ao mesmo tempo, buscar uma relação melhor e mais clara.

Soluções terapêuticas

No acompanhamento psicológico as pessoas aprendem a estabelecer limites saudáveis em relação aos outros e, sobretudo, aos pais. Isso inclui dizer não de vez em quando. Mas por que tantas pessoas têm dificuldade de dizer não a alguma coisa? Algumas têm medo de perder sua popularidade se não cumprirem o pedido de um amigo, vizinho ou conhecido. Ou têm medo de magoar a outra pessoa. Mas um "não" bom nunca magoa. Para ser capaz de dizer não, preciso primeiro aceitar humildemente a minha carência: sim, estou precisando de amor, atenção e reconhecimento. Só quando admito essa necessidade diante de mim mesmo é que posso relativizar tudo. E então fica mais fácil dizer não.

Um campo vasto em que precisamos estabelecer limites é o das expectativas. Somos constantemente confrontados com expectativas. Alguns se queixam de que todos esperam algo deles. Na terapia, aprendemos a reconhecer isso com gratidão. Pois isso mostra que sou visto e levado a sério. Mas, ao mesmo tempo, aprendo a me sentir livre diante das expectativas. Posso reagir da seguinte forma: "Fico feliz por esperarem isso ou aquilo de mim. Mas infelizmente não posso corresponder a essa expetativa". Nem sequer preciso justificar o porquê, pois nesse caso a outra pessoa pode tentar questionar-me e eu fico procurando novas justificativas. É bom que as pessoas tenham expectativas em relação a mim. Mas eu sou livre de decidir quais delas eu quero cumprir e quais não quero. Essa clareza conduz a relações reais e mais intensas.

Um exemplo da minha experiência pessoal: em uma sessão de supervisão, queixei-me do fato de receber muitos pedidos de palestras e conferências. "Todos querem algo de mim!", eu disse. O supervisor respondeu: "Por que sempre fica chateado com o fato de muitos quererem algo de você e de lhe comunicarem suas expectativas? O fato de você ser solicitado é um bom sinal de que você é necessário. Mas você tem a liberdade de ouvir as expectativas e então dizer não. Não é culpa dos outros que você se sinta assediado, mas sua, pois quer ter uma boa relação com todos os que o procuram e quer a atenção e o reconhecimento deles".

Percebi, então, que a culpa é minha se me deixo pressionar pelas expectativas dos outros. Só eu me impeço de dizer não. Entretanto, tenho conseguido distanciar-me cada vez mais. Uma coisa que se tem revelado útil é pensar assim: quando faço o primeiro telefonema, agradeço pelo pedido. Mas então eu digo: "Preciso consultar minha agenda para ver o que é possível. Amanhã eu lhe dou um retorno". Em seguida, ouço atentamente meus sentimentos: será que realmente quero fazer isso? Ou sinto-me apenas pressionado? Sou covarde demais para dizer não? O que é que eu quero realmente? No dia seguinte, posso dizer não mais facilmente, com calma interior e simpatia. Na maioria das vezes, as pessoas aceitam isso. Se alguém persistir em perguntar se é possível, posso dizer não claramente e com calma interior.

É claro que sempre se trata de uma questão da medida certa. Se alguém se distancia constantemente no local de trabalho e ignora todas as expectativas do superior ou dos colegas, isso perturba o ambiente de trabalho. Nesse caso, isso reflete mais um egoísmo, que impõe o trabalho aos outros. Se alguém se distancia completamente dos seus pais, estes se sentem magoados, especialmente se forem privados dos seus netos. Nesse caso, o estabelecimento de limites pode se transformar em rejeição. No entanto, estabelecer limites pretende permitir uma boa relação e não destruí-la.

Soluções bíblicas

Gostaríamos de mostrar duas formas bíblicas para resolver o problema. O primeiro exemplo é sobre o estabelecimento de limites no relacionamento, ou seja, com amigos, empregadores ou outras pessoas. O segundo trata do estabelecimento de limites emocional dentro da família. O Evangelista Marcos nos conta que, em um sábado, Jesus quer curar um homem com uma mão paralisada na sinagoga (Mc 3,1-6). Mas os fariseus observam atentamente o que Ele faz, porque isso é proibido pela lei. Esperam que Jesus cumpra a lei. Jesus começa fazendo uma pergunta aos fariseus: "É permitido fazer o bem ou o mal no sábado?" (Mc 3,4). Os fariseus se calam, pois sentem que Jesus está questionando o comportamento deles. Em vez de se limitar a satisfazer suas expectativas, Ele questiona se sua atitude corresponde realmente à vontade de Deus.

A consequência da sua atitude de cumprir a lei pura teria sido, na realidade, fazer o mal e destruir a vida. Quando os fariseus não respondem à pergunta de Jesus, Ele olha para cada um deles, cheio de ira e tristeza. Para mim, essa é uma bela imagem de uma boa forma de estabelecer limites. Ele não grita com os fariseus. Irado, Ele se afasta deles e diz: "Aí estão vocês, com seus corações duros, e aqui estou eu. Farei o que reconheço ser correto a partir de mim mesmo e da minha relação com Deus". Mas Ele não permanece na ira. Ele também sente tristeza. Em grego, a palavra é *syllypousthai*. Significa simpatizar, sofrer com. Jesus tem empatia com os fariseus, tenta compreendê-los. Ele não quer romper a relação com eles, mas estende-lhes a mão. Mas eles não aceitam a mão estendida. Saem e decidem matar Jesus. Eles rompem a relação e, assim, separam-se tão absolutamente dele que nem sequer absorvem suas palavras e constroem um muro de silêncio impenetrável em sua volta.

Essa história mostra muito claramente o que significa um estabelecimento de limites bom e ruim. Estabelecer limites no bom sentido significa que me separo das expectativas dos outros, mas não rompo a relação. Tento compreender e aceitar a outra pessoa. No entanto, sinto que não é coerente satisfazer suas expectativas. Confio nos meus próprios sentimentos. Ao mesmo tempo, também tento sentir a outra pessoa e perceber a relação com ela. Uma forma negativa de estabelecer limites é visível no comportamento dos fariseus: eles não encaram as perguntas e os olhares de Jesus, mas se escondem por trás de sua covardia. Vão embora e só então decidem matar Jesus. Mas evitam o próprio Jesus. Muitas vezes, vivemos algo semelhante quando as pessoas não querem ter nada a ver com quem pensa de forma diferente e simplesmente as ignoram completamente. Isso significa, muitas vezes, sua morte social.

O segundo exemplo diz respeito ao estabelecimento de limites na família, à forma correta de lidar com os limites emocionais. No Evangelho de Lucas, que apresenta Jesus como mensageiro da paz, Ele diz palavras que nos parecem estranhas à primeira vista: "Pensais que vim trazer paz à terra? Digo-vos que não, e sim a separação. De agora em diante, numa família de cinco pessoas, estarão divididas três contra duas e duas contra três; estarão divididos o pai contra o filho e o filho contra o pai; a mãe contra a filha e a filha contra a mãe; a sogra contra a nora e a nora contra a sogra" (Lc 12,51-53).

Certamente, Jesus não quer justificar brigas em família, tampouco deseja encorajá-las. Ele tem em mente o tipo de família que costumava existir naquele tempo: laços familiares tão estreitos que o indivíduo não conseguia encontrar a si mesmo. Eram, por assim dizer, trepadeiras que se enrolavam nos pés dos membros da família. Embora as pessoas tivessem a sensação de serem um indivíduo com sua opinião pessoal, elas pensavam como os outros pensavam e sentiam o que os outros sentiam. Ainda hoje podemos observar esse fenômeno.

Existem famílias em que ninguém ousa ter sua própria opinião ou tomar decisões. Todos se conformam. E mesmo mais tarde, como adultos, os membros da família dão continuação aos padrões que foram e são exemplificados em casa. Quando todos formam uma unidade desse tipo, é frequente haver paz extrema. Mas as agressões reprimidas se revelam mais tarde, por exemplo, no fato de uma pessoa da família ser considerada a ovelha negra. Ninguém percebe que isso faz parte do conceito de vida da família: tudo que é negativo foi reprimido, e todos pensam que são a família perfeita. Então a sombra é projetada sobre um membro da família, a ovelha negra.

As palavras de Jesus apelam aos membros da família para que andem sozinhos e se libertem das trepadeiras. Só quando consigo ficar de pé sozinho, posso entrar em uma relação boa com os outros. Só quando estou em paz comigo mesmo, posso criar paz verdadeira nas relações dentro e fora da família. Com suas palavras duras, Jesus nos convida a libertarmo-nos do roteiro familiar, das frases que se aplicam na família de forma absoluta, por exemplo: "Na nossa família não fazemos isso. Na nossa família somos simplesmente bem-sucedidos. É assim que pensamos. Não há perdedores na nossa família". Essas são frases típicas que moldam todos os membros da família. Se eu olhar mais atentamente para essas frases, posso distanciar-me delas e desenvolver minha própria filosofia de vida.

Carl Gustav Jung acredita que a mensagem de Jesus visa a dignidade do indivíduo. Esse deve reconhecer a sua identidade e seguir seu próprio caminho, que o conduz à vida. No entanto, Jesus não presta homenagem ao individualismo puro. Ele quer a comunidade dos discípulos, a comunidade da Igreja, quer uma nova união. Mas essa nova união só é possível se cada um se colocar de pé e se encontrar com os outros em liberdade e respeito.

A pergunta é como podemos aplicar as palavras de Jesus de forma curadora para resolver nossos emaranhados interiores. Uma possibilidade seria aprender a escutar nossos próprios sentimentos, perguntando-nos repetidamente: o que sinto? Permito que a família influencie meus pensamentos e sentimentos? Uma segunda possibilidade é ter a coragem de dizer não. Muitas vezes, não queremos pôr em jogo a paz familiar e, por isso, aceitamos o que a família quer. Mas sentimos que isso deixou de ser saudável, que por trás da fachada de paz muitos conflitos e tensões inconscientes envenenam a atmosfera.

Alguns já não suportam mais as celebrações familiares porque sentem que a união não é real. Não preciso lutar contra todos. Mas cabe a mim me defender e comportar de uma forma que seja correta para mim. Às vezes, um novo comportamento significa simplesmente que me mantenho livre por dentro de todos os emaranhados e que decido com que frequência, durante quanto tempo e com que atitude interior eu quero participar das celebrações familiares. Se me mantiver de pé e centrado, posso permanecer eu mesmo em um ambiente desagradável.

Estabelecer limites significa, então, não se curvar, mas ficar consigo mesmo e ir ao encontro dos outros a partir desse centro interior. Mas também aqui se trata de uma questão da medida certa. Se todos estão contra mim e querem me impor à força sua ideologia familiar, então estabelecer limites pode significar uma interrupção temporária ou a recusa de participar em tais celebrações familiares onde não me é permitido ser eu mesmo.

Perguntas sobre como lidar com a imposição de limites

Por que eu estabeleço limites?

Eu estabeleço limites de uma forma correta para me proteger de ser magoado pelos outros. De uma forma inadequada, eu estabeleço limites porque tenho medo da relação. Temo que a outra pessoa me reconheça e reconheça as minhas fraquezas. Muitas vezes, a razão para estabelecer limites de forma imprópria é o fato de não termos experimentado uma proximidade curadora na infância, mas apenas isolamento. Depois, o isolamento se torna tão familiar que a proximidade de uma pessoa nos dá medo. Para escapar desse medo, nós nos separamos com um muro espesso que ninguém consegue penetrar.

O que está por trás do mecanismo de estabelecer limites ou de não conseguir estabelecer limites?

Quando me fizer essa pergunta, encontrarei padrões essenciais na minha vida: a minha ambição de estar sempre bem, a minha necessidade de ser amado pelo maior número possível de pessoas. Talvez também me depare com causas da minha infância. Então, seria bom encarar essas experiências que me tornam extremamente distanciado ou que me impedem de ser capaz de estabelecer limites.

Qual é o benefício de estabelecer limites?

A vantagem é que consigo me esconder atrás do muro, que não corro o risco de uma relação, que me sinto seguro. Habituei-me a esse mecanismo para não me magoar mais. Mas isso também faz com que eu me sinta só e me impede de ter uma boa relação. Se me sinto só em uma relação, ou seja, em uma amizade ou em uma parceria, então a outra pessoa já não consegue mais entrar em contato comigo e eu destruo a relação. Deixo o amigo ou parceiro morrer de fome, por assim dizer. Em determinado momento, ele ou ela rompe a amizade ou parceria.

Como me liberto do padrão destruidor da imposição de limites?

Eu me liberto ao tentar confiar no outro. Olho para ele com olhos que não julgam, que veem o que há de bom nele. Então não o perceberei mais como uma ameaça. Posso abrir--me para ele. Outra forma de romper com as formas negativas da imposição de limites é reforçar minha autoconfiança. Se me mantiver firme e me aceitar tal como sou, o medo do outro desaparecerá. Posso quebrar a armadura quando meu coração abrir-me para os outros.

6. Magoar e machucar o outro

Querendo ou não, somos magoados inúmeras vezes ao longo da nossa vida. Especialmente na nossa infância, isso acontece frequentemente – de forma não intencional e inconsciente. Por exemplo, quando os pais não veem o filho como ele quer, quando a criança sofre por ser negligenciada. Ou quando os pais estão preocupados consigo mesmos, a criança sente que está sendo ignorada.

É claro que os pais não são perfeitos e, por isso, não podem reagir de forma prudente e ideal em todas as situações. Por exemplo, quando a criança testa sua paciência, eles reagem de forma agressiva, a repreendem e a magoam com palavras. Mesmo que alguém se gabe de sua infância linda, ela certamente não foi perfeita. Provavelmente, ele está grato por ter tido bons pais e por se ter dado bem com os irmãos. Mas, mesmo assim, houve desilusões, mágoas, conflitos, inveja.

A maioria dos pais tenta não favorecer nenhum dos filhos e tratar a todos de modo igual. No entanto, algumas crianças sentem-se negligenciadas ou pensam que um dos irmãos foi favorecido. Muitas vezes, não é possível encontrar uma culpa objetiva. Simplesmente acontece.

Além dessas mágoas que acontecem de forma inconsciente e não intencional, há também aquelas que infligimos aos outros de forma consciente. Magoamos os outros porque nos sentimos magoados ou para mostrar o nosso poder. Esse tipo de ofensa acontece frequentemente num ambiente profissional. Mas, infelizmente, também há pais que ofendem deliberadamente os seus filhos. Os motivos nem sempre são claros. Às vezes, eles têm inveja dos filhos porque estes têm mais sorte do que eles. Ou transmitem aos filhos sua própria insatisfação com a vida e os magoam. Alguns também acreditam que só têm poder quando ofendem os outros, porque estes passam a ter medo deles.

Existe uma atitude entre os cristãos segundo a qual não se deve olhar para trás, mas somente para a frente. Eles citam as palavras de Jesus: "Ninguém que põe a mão no arado e olha para trás serve para o Reino de Deus" (Lc 9,62). Mas se olharmos bem, trata-se de uma decisão. Um jovem se aproxima de Jesus e diz: "Eu te seguirei, Senhor, mas deixa-me antes despedir-me de minha família" (Lc 9,61). Jesus responde com esta palavra dura sobre o olhar para trás. Ele quer dizer o seguinte: se você se decidir pelo Reino de Deus e pelo discipulado, então você precisa seguir esse caminho sem pedir a permissão e a aprovação da sua família. Isso não se aplica apenas ao discipulado naquele tempo. Para nós, seguir o chamado de Jesus significa seguir o impulso interior que sentimos: isso é o melhor para mim. Essa é a vontade de Deus para mim. Jesus nos dá a coragem de fazer isso. Muitos querem seguir esse chamado, mas, ao mesmo tempo, querem o aplauso e a aprovação dos que os cercam. Olhar para trás significa então: eu sigo meu caminho, mas, ao mesmo tempo, olho para trás para ver se todos concordam comigo. Mas, nesse momento, a decisão já não é mais minha, mas busco a permissão do meu ambiente para o meu caminho. Adapto-me ao que os outros esperam de mim.

Existe um princípio psicológico: se não nos reconciliarmos com nosso passado, com todas as mágoas que experimentamos, estamos fadados a magoar a nós mesmos ou a magoar os outros, ou a encontrarmo-nos sempre em situações em que as mágoas do passado se repetem. Por isso, para avançarmos para o futuro de forma saudável, precisamos olhar para trás, lidar com nosso passado e reconciliar-nos com ele. Esse princípio se aplica às mágoas da história de vida pessoal, mas também às mágoas sociais que aconteceram no passado. Para a esfera social, o psicanalista e médico Alexander Mitscherlich fez uma contribuição importante em seu livro *Die Unfähigkeit zu trauern* [A incapacidade de processar o luto]. Segundo ele, um povo que não chora as injustiças e os sofrimentos passados fica paralisado. O luto é uma forma de se reconciliar com o passado. Sem luto, o passado não pode ser transformado e curado. Então, estamos fadados a repeti-lo. Muitos historiadores concordam com essa visão de Mitscherlich.

Na esfera pessoal, a sua esposa Margarete Mitscherlich, também psicanalista e médica, afirma que precisamos chorar as mágoas e as desilusões do passado, caso contrário, ficamos estagnados interiormente. Precisamos passar pela dor para chegarmos ao fundo da nossa própria alma. Quem não percorre esse caminho fica paralisado em seu desenvolvimento pessoal. O sofrimento não processado é transmitido através de gerações. Muitas vezes, resulta em entorpecimento e na falta de compaixão nas pessoas afetadas. Só aqueles que passam pela dor chegam ao fundo da sua alma e lá descobrem suas forças e identidade. Para realmente poder olhar para o futuro, preciso primeiro me reconciliar com meu passado. Caso contrário, ele pesa sobre mim e eu o arrasto comigo para onde quer que eu vá. Como resultado, reajo das formas descritas acima, por exemplo, magoando-me. Adotamos as palavras ofensivas dos nossos pais: "Você não presta. Você é muito devagar. Você é difícil. Tem algo de errado com você. Ninguém suporta você". Rejeitamo-nos e desvalorizamo-nos. Também pode acontecer que as vozes ofensivas dos pais que nos pressionaram se transformem em vozes do nosso próprio superego. Um exemplo: uma mulher contou-me que ela sofre de uma compulsão. Ela sempre ouve uma voz dentro de si: "Você precisa corresponder a todas as expectativas dos outros. Não pode se permitir nada. Você precisa estar disponível para os outros". Com essa voz, ela se magoa e adoece. A doença torna-se então um escape ou uma permissão para sair do passado e deixar as vozes negativas para trás. Porque a doença a obriga a cuidar de si mesma e a procurar ajuda.

Outra reação possível às mágoas do passado é magoarmos os outros. Porque os nossos pais nos magoaram, magoamos agora os nossos filhos ou colegas de trabalho.

Albert Görres, um psiquiatra católico, diz que assim pagamos dívidas antigas aos devedores errados. Magoamos o colega, mas na realidade queremos magoar o pai. Ou magoamos a nossa chefe, mas na realidade é da mãe que queremos nos vingar.

Quanto mais responsabilidade temos, piores são os ferimentos que transmitimos. Isso se aplica, especialmente, aos políticos que se encontram no poder. Um deles foi Adolf Hitler, e seu passado pode ilustrar o que um passado reprimido pode causar. Ele tinha um pai muito agressivo que Hitler odiava, sobretudo porque ele sabia que seu pai era o filho ilegítimo de um judeu de Graz. No período que se seguiu, ele voltou seu ódio contra o pai e contra todo o povo judeu, causando assim um sofrimento sem fim ao povo judeu e ao mundo inteiro. Portanto, é leviano dizer: "Olhe para frente e tudo ficará bem". Se não tivermos a coragem e a força para olharmos para o nosso passado e nos reconciliarmos com ele, nós o repetiremos e traremos sofrimento para nós mesmos e para aqueles que nos cercam.

Nos pregadores cristãos que nos instruem a olharmos apenas para o futuro podemos ver que eles não percebem nem respeitam as pessoas a quem fazem esse apelo. Tratam-nas de uma forma muito autoritária. Obviamente, estão repetindo seu próprio passado, por exemplo, agindo de forma tão autoritária como seu próprio pai, que os fez sofrer tanto.

Outra forma de reagir às mágoas do passado é a chamada compulsão à repetição, como dizia Sigmund Freud. Um exemplo: uma mulher sempre se apaixona por homens que a desvalorizam. Ela se sente infeliz e pergunta a si mesma: "Por que isso sempre acontece? É como uma maldição". Mas então ela conta que seu pai sempre desvalorizava a sua mãe. Enquanto essa velha ferida não for analisada e processada, essa mulher continuará a se apaixonar por homens que também a desvalorizam. É algo como um padrão aprendido que se repete na idade adulta – talvez porque ele lhe é familiar e ela se sente confortável com esse tipo de relação, mesmo que tenha um efeito negativo sobre ela.

Outro exemplo: um homem se queixa de que sua mulher é muito dominadora. Na conversa com o casal, porém, torna-se evidente que não é bem assim. No entanto, a mãe do homem era dominante e, por isso, ele se comportava com a mulher como se estivesse interagindo com sua mãe dominante. Assim, ele percebia sua companheira como dominante ou fazia com que ela se tornasse dominante com seu comportamento. A libertação dessa compulsão para a repetição só pode ser bem-sucedida se enfrentarmos a mágoa original ou a desvalorização que está por trás dela e permitirmos que a dor a ela associada volte a surgir. Assim, podemos libertar-nos da dor e não precisamos experimentá-la repetidamente em situações semelhantes.

Quando olhamos para as mágoas da infância, podemos identificar as mágoas do pai e as mágoas da mãe. Não se trata de culpar o pai ou a mãe pelas mágoas. Elas simplesmente acontecem, mesmo que os pais não as queiram conscientemente. As feridas do pai da mulher são diferentes das feridas do pai do filho. E as feridas da mãe do filho não são as mesmas que as da filha. A ferida da mãe da filha é muitas vezes o fato de a mãe não compreender a filha porque ela é muito diferente dela mesma. Por isso, ela a rejeita. Um exemplo: uma mulher conta que, quando era criança, ela podia fazer o que quisesse, mas a mãe brigava com ela e batia nela. Em sua angústia, ela se refugiou na comunidade da Igreja. Lá ela se sentia segura. Mas isso a levou a trabalhar mais tarde em tempo integral para a Igreja e a se sobrecarregar porque queria satisfazer todos os desejos da "boa mãe" – a Igreja.

Outra mulher vivenciou que sua mãe estava sobrecarregada com ela quando era pequena. A relação entre o pai e a mãe era muito difícil quando ela nasceu. A mãe não conseguia voltar-se corretamente para a filha. A filha sentia isso e se recusava a comer para obrigar a mãe a dar atenção a ela. Se essa ferida não for tratada, a mulher adulta utilizará o mesmo mecanismo nas suas relações: ela exigirá a atenção dos outros, quer através da doença, quer através de um comportamento particularmente difícil.

Outra ferida materna ocorre quando a mãe faz da filha a sua confidente e lhe conta seus problemas, por exemplo, com o marido, o pai da filha. Ao fazê-lo, ela sobrecarrega a filha e a confunde. Ela admira o pai. Mas agora ele é apresentado a ela como um ser desumano. Ela terá dificuldade de confiar nos seus sentimentos durante toda sua vida. A mãe também sobrecarrega a filha quando a obriga a tomar conta dela e a cuidar dela. Isso a priva da infância, porque nunca lhe é permitido ser realmente uma criança e brincar. Em vez disso, precisa sempre estar cuidando da mãe. É aí que reside o perigo de, mais tarde, ela se sobrecarregar ao cuidar dos outros.

Outras mães fazem com que as filhas sintam: "Não se aproxime demais de mim". Embora elas também queiram ser afetuosas, elas têm medo de se aproximar demais. Mais tarde, a filha transmitirá a mesma mensagem às pessoas que a cercam: por um lado, ela anseia por proximidade, por outro, ela é incapaz de oferecer ou permitir proximidade. Também aqui se repete a ferida da mãe. Só quando esta é analisada e processada torna-se possível um comportamento diferente.

A ferida materna do filho pode manifestar-se no fato de a mãe ter desvalorizado o filho. Ou o contrário: ela o trata como um "marido substituto". Isso acontece frequentemente quando a relação com seu próprio marido é difícil. A mãe dá ao filho a sensação de ser um príncipe e o vincula emocionalmente a ela, vivendo assim sua própria necessidade de proximidade com ele. Isso não é bom para o filho. Assim, ele continua a ser sempre o filho da mãe e tem dificuldade de se envolver em uma relação com outra mulher. Ou então sempre vê sua companheira como uma substituta da mãe.

Dois exemplos: um homem conta que sua mãe solteira ameaçava constantemente suicidar-se se ele não se comportasse bem. O filho não tinha outra opção senão se adaptar. Era obrigado a viver constantemente com o medo de a mãe se suicidar e ele ficar sozinho e abandonado. Outro homem estava muito ligado à sua mãe. Casou-se tarde. Mas depois se revelou que ele sempre preferia cuidar da mãe a ter uma relação com a mulher. Passava muito tempo com a mãe. Para ele, isso era mais importante do que viajar de férias com a mulher, por exemplo. A relação terminou em divórcio.

A ferida paterna da filha pode surgir quando ela entra na puberdade e desenvolve sua própria opinião. A essa altura, a relação com o pai, que antes a conhecia apenas como uma boa criança, muda. Ele rejeita a filha rebelde e a menospreza como mulher, por exemplo, rindo das mudanças físicas da filha durante a puberdade. Isso magoa a filha e ela se sente insegura em relação ao fato de ser mulher.

Mas o contrário também é possível, como já descrevemos acima em relação ao filho. Nesse caso, o pai liga a filha intimamente a si mesmo, toma-a como confidente, como substituta de sua esposa. Essa ligação estreita impede que a mulher se envolva com um homem como parceiro na idade adulta.

A terapeuta suíça Julia Oncken vê outra ferida paterna quando a filha é negligenciada pelo pai. Muitas filhas reagem a isso já adultas, querendo sobretudo agradar para serem vistas. Outras tentam conquistar a atenção que o pai lhes negou por meio de seu desempenho no trabalho. Outras ainda sempre contrariaram o pai para obrigá-lo a lidar com elas. Quando adultas, elas provocam com seu comportamento para serem vistas.

A ferida do pai no filho se manifesta frequentemente no fato de o pai ter uma imagem muito específica do filho. O pai quer que o filho seja uma cópia do pai ou satisfaça seus desejos não realizados. Se o filho for diferente do que o pai imagina, ele sofre rejeição e críticas constantes, de modo que não consegue construir uma autoestima.

É frequente surgirem rivalidades entre pai e filho. O pai precisa reprimir o filho porque tem medo de que este tenha mais sucesso do que ele. Um exemplo: um homem contou que o pai o batia frequentemente. Às vezes, ele temia que o pai o espancasse até a morte. O pai era aceito e respeitado na sociedade. Mas em casa ele descarregava sua raiva no filho. Obviamente, o filho o lembrava de algo que ele não conseguia aceitar em si mesmo. Por meio dos espancamentos, o pai reprimia seus próprios lados sombrios. Esses pais que batem obrigam os filhos a se adaptarem. Muitas vezes, a impotência que os filhos sentem resulta mais tarde em depressão.

Soluções terapêuticas

No aconselhamento terapêutico, a pessoa volta a olhar para as feridas – não apenas de uma forma puramente racional, mas também revivendo a dor e passando mais uma vez por ela. Assim, ela pode mudar. Muitas vezes, associamos os sentimentos de dor, raiva e até ódio aos ferimentos da infância.

Mesmo assim, é necessário atravessar o ódio para sentir o amor que existe no fundo do ódio, que o ódio oculta. Albert Görres fala aqui da purificação das emoções negativas ou também do descongelamento do ódio congelado: "O paciente se permite sentir a sua raiva com força, expressá-la ou mesmo gritá-la e jogá-la contra a parede com os punhos. Depois, ele experiencia que a raiva se esgota após um clímax. Inesperadamente, muitas vezes sob lágrimas, a raiva se transforma em sentimentos amorosos para com a pessoa contra a qual a raiva se dirigia, por exemplo, pais e irmãos com quem a relação tinha sido tensa ou indiferentemente fria" (Görres, *Das Böse*, 133). Depois, segundo Albert Görres, o perdão também se torna possível: "A virada do ódio contra si mesmo pode desaparecer quando a raiva escondida contra os muitos carrascos do passado vem à tona. Inconscientemente, o paciente inclui também um Deus atormentador no grupo de seus agressores; quando a dor pelo tormento sofrido, quando o desejo de vingança é atravessado, pode surgir a luz suave do perdão" (Görres, *Das Böse*, 140).

Soluções bíblicas

Os evangelhos contam muitas histórias de cura. Entre elas, há algumas que se concentram na relação do filho com a mãe (Lc 7,11-17) e com o pai (Mc 9,14-29) e na relação da filha com a mãe (Mc 7,24-39) e com o pai (Mc 5,21-43).

Nessas histórias de cura, Jesus não suscita nenhum sentimento de culpa nas pessoas envolvidas. Ele não diz que o pai ou a mãe são culpados pela doença ou necessidade do filho ou da filha. Pelo contrário, ele dissolve os entrelaçamentos que tinham surgido entre os pais e os filhos. A resolução dos emaranhamentos gera, então, uma transformação do filho e da filha, mas ao mesmo tempo também do pai e da mãe.

As histórias bíblicas de cura querem convidar-nos a olhar para a nossa própria relação com o pai e a mãe. Não se trata de acusação, mas simplesmente de uma reflexão sobre os problemas que surgiram e de uma autocompreensão melhor. As histórias bíblicas de cura nos libertam da pressão de termos que resolver nossas feridas pessoalmente. Podemos olhar para elas e depois entregá-las a Jesus.

Podemos imaginar Jesus encontrando-se conosco, falando conosco, tocando-nos e levantando-nos. Ao meditarmos sobre as histórias de cura, a cura já pode acontecer. Porque elas nos ajudam a olhar para nossa própria relação com o pai e a mãe e a reconhecer aspectos que antes nos eram ocultos. Elas põem algo em movimento dentro de nós.

Outro lugar onde a cura pode acontecer é a Eucaristia. É lá que encontramos Jesus em carne e osso. Mas isso significa também que o encontramos com as feridas do nosso pai e da nossa mãe e que podemos experimentar na comunhão o que Jesus também nos diz: "Filha, a tua fé te curou. Vai em paz e fica curada desse sofrimento" (Mc 5,34). Podemos também imaginar Jesus tomando-nos pela mão como um filho ou uma filha e a levantando-nos para que possamos seguir nosso caminho de cabeça erguida (cf. Mc 9,27).

Outra imagem bíblica para a cura dos feridos é a da cruz. No Evangelho de João, Jesus diz que, do alto da cruz, Ele chamará todos para si (Jo 12,32). Na cruz, Jesus nos abraça. Assim, a cruz nos convida a abraçarmos a nós mesmos e, sobretudo, a criança ferida que existe em nós. Essas feridas se expressam em diversas chagas que nos acompanham muitas vezes até a idade adulta ou que se abrem sempre de novo: a criança abandonada também terá medo de ser abandonada nas relações atuais. A criança ignorada gritará quando ela se sentir ignorada pelo chefe ou parceiro. A criança que nunca foi capaz de ser suficientemente boa sente muitas vezes, até à velhice, que ela não é suficientemente boa. Por isso, muitas vezes, ela se sobrecarrega, esforçando-se mais e querendo ser melhor. A criança incompreendida também se sentirá incompreendida como adulto. A criança que foi envergonhada reage frequentemente às críticas com vergonha. A criança que foi ridicularizada continua interpretando as palavras dos outros como se eles não a levassem a sério e como se estivessem rindo dela.

Um ritual pode nos ajudar a aceitar e a curar essas feridas. A pessoa coloca-se de pé e cruza as mãos sobre o peito ou se abraça. Depois, ela pode prometer a si mesma: "Porque fui abraçado por Cristo na cruz, abraço dentro de mim a criança abandonada". Posso, também, prometer diretamente a essa criança abandonada: "Estarei sempre com você. Não abandonarei você". Depois, a pessoa se vira para a criança abandonada e a abraça com a promessa: "Não estou ignorando você. Estou olhando para você". Posso falar de forma semelhante sobre as outras feridas da criança ferida dentro de mim.

Sabemos por experiência própria que uma criança com que gritamos só responde gritando ainda mais alto. Por isso, se pedirmos que a criança ferida que existe em nós se cale, ela vai falar com uma veemência ainda maior. Se, porém, a abraçarmos com carinho e lhe falarmos palavras boas, podemos ter a certeza de que ela se acalmará aos poucos. Se formos novamente negligenciados, sentiremos brevemente a criança magoada em nós. Mas isso já não determina o nosso comportamento. A Bíblia e a tradição cristã nos dão a promessa de que Jesus, na cruz, abraça a criança ferida que há em nós.

Quando permitimos que essa imagem entre em nós, ela nos liberta da pressão de termos que curar a nós mesmos. Como em uma terapia, voltamo-nos com amor para a criança ferida. Mas, ao mesmo tempo, confiamos que o próprio Cristo a abrace com ternura. Disso pode surgir um efeito curador. Mas não devemos parar na criança ferida, mas avançar até chegarmos à criança divina dentro de nós.

Nós a encontramos no fundo da nossa alma. Ela sabe exatamente o que é bom para nós e nos coloca em contato com os poderes curadores da nossa alma. Lá, onde podemos perceber a criança divina por baixo de todas as feridas, estamos livres das expectativas e exigências das pessoas. Lá somos inteiros e íntegros. As palavras ofensivas dos outros já não nos atingem mais. Lá somos originais e autênticos, não precisamos provar nada a ninguém, não precisamos provar nada aos outros, nem representar nada. Simplesmente existimos. Lá somos puros e claros, lá os sentimentos de culpa e de repreensão própria não têm acesso. No fundo da nossa alma, somos uns com todas as pessoas, com a criação e com Deus. Quando sentimos essa unidade profunda, sentimos que pertencemos a ela. Sentimo-nos apoiados, seguros e em harmonia conosco mesmos e com o mundo. Isso nos dá uma profunda sensação de paz interior.

Perguntas sobre como lidar com ferimentos

Por que eu magoo as pessoas?

Eu magoo as outras pessoas para repassar as minhas próprias mágoas. Assim, deixo de sentir as feridas que eu mesmo experimentei. Ou ofendo os outros para demonstrar o meu poder sobre eles. Ao ofender, quero compensar os meus complexos de inferioridade.

Quando magoo os outros, como isso me beneficia?

Dessa forma, eu me protejo das ofensas da outra pessoa e consigo esquecer as minhas próprias ofensas. Os psicólogos falam também de identificação com o agressor: identificamo-nos com o pai que magoa, por exemplo. A mágoa dele é tão traumatizante que magoamos os outros para não sermos magoados por eles. "Fazemos de conta" que somos o pai agressivo para não voltarmos a ficar no papel do garoto magoado.

Como as mágoas destroem ou turvam as relações?

Quando eu magoo meu amigo ou meu cônjuge, ele se afasta. Ele ou ela tem medo de se envolver na relação. Pois eu posso voltar a magoar. Em algum momento, a outra pessoa não suporta mais as minhas ofensas constantes. Às vezes, ela fica doente. E então a pessoa sai da relação.

Como me liberto do mecanismo da mágoa?

Reconciliando-me com as feridas que eu mesmo experimentei. Então não preciso mais magoar os outros. Outra forma de nos libertarmos é a compaixão: se eu sinto como a outra pessoa sente, o que ela precisa, então não consigo magoá-la. A compaixão é como um obstáculo que me impede de magoar.

7. O caminho de cura cristão
Perdão, reconciliação e
uma autoestima saudável

O caminho de cura cristão para todos os mecanismos acima mencionados apresenta muitos aspectos. Gostaríamos de descrever apenas três possibilidades que anulam os mecanismos e assim criam condições para relações boas. Em primeiro lugar, há duas atitudes que estão intimamente vinculadas: o perdão e a reconciliação. Depois, há o desenvolvimento de uma autoestima saudável.

Vejamos primeiro o sentimento de culpa, do qual só nos libertaremos se acreditarmos no perdão no fundo do nosso coração. Além disso, é através do sentimento de culpa que enfraquecemos nossa autoestima. Especialmente entre os cristãos, é comum que as pessoas sejam mantidas submissas, por exemplo, por sermões que evocam sentimento de culpa nos ouvintes. No entanto, isso também se aplica à agressão passiva, que só pode ser transformada se nos reconciliarmos com o fato de não termos apenas sentimentos piedosos e nobres, mas também agressivos. Uma autoestima saudável nos ajuda a admitir a agressão diante de nós mesmos e a lidar com ela de forma adequada. Enquanto não nos aceitarmos do jeito que somos, enquanto não nos reconciliarmos com tudo que está dentro de nós, sempre projetaremos o não reconciliado e não aceitado nos outros. No entanto, a projeção das nossas sombras reprimidas perturba a nossa relação com os outros. O estabelecimento de limites também precisa de reconciliação.

Só conseguimos fazer isso com aqueles com que nos reconciliamos no nosso íntimo. Caso contrário, a imposição de limites se torna rejeição hostil. Mas só conseguimos estabelecer limites bons se nossa autoestima não depender do fato de todos gostarem de nós. E por último: as mágoas que sofremos na infância só podem ser curadas se perdoarmos aqueles que nos magoaram. Pessoas com baixa autoestima criam muitas vezes uma falsa autoestima magoando os outros e exercendo poder sobre eles.

Em primeiro lugar, gostaríamos de descrever o caminho de cura do perdão e da reconciliação, especialmente em relação à culpa e à mágoa da infância. No entanto, o perdão e a reconciliação são também um bom caminho para todas as outras áreas. Por fim, queremos mostrar como é possível desenvolver uma autoestima saudável.

Perdão

É interessante que, nos últimos anos, os psicólogos também têm escrito sobre o perdão. Perceberam que perdão não é apenas um ato espiritual, mas também um ato terapêutico. No que diz respeito à culpa, é importante que acreditemos no fundo do nosso coração que Deus perdoou nossa culpa e que Ele nos perdoa sempre de novo. No entanto, para algumas pessoas, isso é difícil. Elas ouvem que Deus perdoa sua culpa. Mas a palavra de perdão não alcança seu coração nem as profundezas do seu inconsciente. No nosso inconsciente, há uma resistência ao perdão que não podemos neutralizar com argumentos puramente racionais. A tradição cristã desenvolveu duas ajudas para vencer a resistência inconsciente à crença no perdão. A primeira é a meditação da cruz.

Quando meditamos sobre a morte de Jesus na cruz, como Lucas a descreve, a resistência ao perdão se dissolve em nós, porque Jesus diz na cruz: "Pai, perdoa-lhes porque não sabem o que fazem" (Lc 23,34). Se o próprio Jesus perdoa seus assassinos, podemos confiar que Ele também nos perdoará, por mais culpados que sejamos. Útil é também a palavra que Jesus diz ao criminoso que está à sua direita na cruz e que se volta para ele em seu último momento de vida: "Ainda hoje estarás comigo no paraíso" (Lc 23,43). O criminoso, que não tem do que se gabar, a não ser de uma vida desperdiçada, recebe o perdão e a promessa do paraíso. Isso pode nos ajudar a confiar que Deus também nos perdoa, mesmo que muitas coisas tenham corrido mal na nossa vida.

Outro grande obstáculo no caminho para o perdão é o fato de muitas pessoas não conseguirem perdoar a si mesmas. Sua culpa afeta sua autoimagem ideal que trazem dentro de si e a culpa não se enquadra nessa imagem. Por isso, é difícil aceitarem sua culpa.

A palavra de Jesus aos assassinos também pode ajudar, por exemplo, quando modificamos a palavra de Jesus e a dizemos ao nosso sentimento de culpa: "Pai, perdoa-me, pois eu não sabia o que estava fazendo". É claro que, por um lado, sabemos que estávamos cometendo um erro e tornando-nos culpados. Mas, no fundo, não sabíamos. Não sabíamos quais eram os mecanismos que estavam operando dentro de nós e que nos levaram a fazer aquilo. E não sabíamos o quanto estávamos magoando a outra pessoa. Se dissermos essas palavras ao nosso sentimento de culpa durante algum tempo, nós nos acalmamos e talvez sintamos em certo momento: sim, agora posso me perdoar. Agora deixo de me culpar constantemente por ter cometido esse erro. Temos dificuldade de perdoar-nos porque o nosso erro destrói a imagem que temos de nós mesmos. Temos em nós a imagem de uma pessoa boa e justa, que faz sempre o que é correto. Mas essa imagem foi destruída pelo erro. É preciso humildade para nos reconciliarmos com essa imagem destruída de nós mesmos.

A segunda ajuda que a tradição cristã nos oferece é a confissão. Não precisamos nos confessar. Mas, sobretudo para as pessoas que não conseguem se livrar de seu sentimento de culpa, é útil confessar a um padre o que as incomoda e depois receber a absolvição, a absolvição dos seus pecados. Deus perdoa sem confissão, é claro. Mas ela pode nos ajudar a acreditar no perdão. O padre impõe as mãos sobre a nossa cabeça e nos absolve. Dessa forma, podemos experimentar fisicamente que somos completamente aceitos.

O perdão também é difícil quando fomos magoados por outras pessoas, especialmente pelos pais ou irmãos na infância. Um professor disse que é difícil perdoar os vivos, mas é ainda mais difícil perdoar os mortos. Mas parte da cura das mágoas da infância é perdoar também a eles. Sem o perdão, continuamos presos às mágoas do passado. O perdão é, portanto, um ato de libertação. Muitos cristãos se sentem sobrecarregados com essa exigência. Eles foram profundamente magoados, a ponto de não conseguirem perdoar. Alguns também confundem o perdão com resignação. Acreditam que o cristão que é obrigado a perdoar não pode se defender do mal. Ele precisa sofrer tudo e, no fim, ainda perdoar àquele que o prejudicou. Muitas pessoas resistem a isso, com razão. Por isso, é necessário que falemos corretamente sobre o perdão, para que ele se torne realmente um ato de libertação e de cura e não um ato passivo de resignar e não resistir.

Para que o perdão possa se tornar um caminho de cura, cinco passos são necessários. O primeiro passo é aperceber-me da minha mágoa, levá-la a sério, e não ignorá-la. Meu coração foi profundamente ferido. Se ignorar minha mágoa, sentirei a mesma mágoa sempre de novo. A psicologia fala da compulsão à repetição. Repetimos as mágoas antigas. Por isso, a dor e a mágoa devem ser levadas a sério. Caso contrário, não levo meu coração a sério. E só quando percebo a mágoa é que consigo me libertar dela e curá-la através do perdão.

O segundo passo é permitir a raiva. Quando penso na pessoa que me magoou, a raiva é a força para me distanciar dela. A raiva não significa que grito com a outra pessoa, mas que me distancio dela. Preciso de distância para que a ferida possa curar. Podemos expressar isso com a ajuda de uma imagem: enquanto a faca estiver na ferida, a ferida não pode curar, não posso perdoar. Preciso tirar a faca de mim com força, só então a ferida pode curar. É isso que significa a raiva. Mas ela tem outra função: eu transformo a raiva, a fúria, em ambição, em força interior e determinação para assumir o controle sobre minha vida. Digo a mim mesmo: "Não vou permitir que você me destrua. Afasto-me de você. Invisto toda a minha força em minha vida. E tenho confiança de que farei da minha vida uma vida boa". Quando reajo à dor dessa forma, digo adeus à vitimização. Volto a entrar em contato com meu próprio poder. Um grande obstáculo no caminho para o perdão é o fato de ficarmos presos no papel de vítima. É verdade que fomos efetivamente vítimas de um ferimento. Devemos honrar esse fato. Mas não devemos ficar presos nesse papel, porque assim damos poder ao agressor. Ficamos passivos. O perdão, por sua vez, é algo ativo: eu me liberto do poder do agressor. Isso requer agressividade. Se continuo sendo vítima, tenho um efeito agressivo sobre as pessoas que me cercam. Não se pode levar uma vida boa ao lado de uma vítima. Um exemplo: Em uma família, se a criança continua sentindo-se vítima dos pais depois de ter crescido, ela continua culpando os pais pela sua situação. Então, a própria vítima se torna agressor. Ela castiga os pais, por exemplo, interrompendo o contato com eles, e assim os magoa. Mas cabe a nós moldar a nossa vida a partir daquilo que vivemos. Só quando saímos do papel de vítima conseguimos também nos reconciliar com os pais ou com outras pessoas que nos magoaram.

O terceiro passo do perdão é olhar para os ferimentos de forma objetiva. O que aconteceu exatamente? Como é que a outra pessoa me magoou? Por que ela me magoou tanto? Tento compreender o que aconteceu. Para isso, é bom interessar-se também pela forma como a vida da pessoa que me magoou estava sendo naquele momento: será que ela também estava magoada e, por isso, repassou sua mágoa para mim? Ou será que sua infância foi tão difícil que ela me transmitiu os seus padrões de sua infância? Ela estava sobrecarregada, estava em uma situação difícil? Ela deixou-se dominar pelas suas emoções? Quando faço essas perguntas, eu não desculpo o comportamento ofensivo da outra pessoa. Mas tento compreendê-lo. Só quando compreendo o que aconteceu comigo posso me assumir e encontrar uma nova posição.

O quarto passo é então o perdão propriamente dito. Esse ato tem dois aspectos: se eu girar o tempo todo em torno da mágoa, surge em mim uma energia negativa, muitas vezes depressiva e, às vezes, agressiva e amargurada, que não me faz bem. Ela envenena o meu interior. Por isso, o perdão é um ato de autopurificação e de libertação. Limpo-me das emoções turvas e das energias negativas que estão em mim por causa da mágoa. O segundo aspecto da libertação: liberto-me do poder daquele que me magoou. Se eu não perdoar, continuo interiormente ligado à pessoa que me magoou. Eu giro em torno dela. Mesmo quando estou sozinho, penso nela o tempo todo. Dou-lhe espaço no meu coração. Por isso, o perdão é um poder que me ajuda a libertar-me do poder do outro, a expulsá-lo de mim.

Perdoar, porém, não significa esquecer, mas sim entregar: deixo o comportamento ofensivo com a outra pessoa. Paro de lhe dar poder. Deixo de girar em torno dela. Deixo-a ir. Quando me libertei do poder da outra pessoa, isso ainda não significa que eu possa construir uma relação normal com ela nesse momento. Pode ser que eu ainda precise de distância

do outro, porque a confiança em mim foi abalada. Libertei-
-me dele, mas preciso perguntar aos meus sentimentos que
tipo de relação é possível para mim. Às vezes, surge uma
nova qualidade de relação, baseada na honestidade e na humildade. Às vezes, porém, é mais honesto e melhor manter
uma distância saudável. Essa se caracteriza pela benevolên-
cia e pela liberdade interior e não pela amargura.

O quinto passo do perdão é transformar as feridas em pérolas. Se eu der apenas os primeiros quatro passos do perdão,
continuo sentindo que fui injustiçado. Mas se eu permitir
que Deus transforme as minhas feridas em pérolas, posso
dizer honestamente sim ao que aconteceu: foi ruim e doeu
ser magoado. Mas também me abriu, para que eu não fi-
casse parado por dentro. Coloquei-me em movimento. Não
vivo mais superficialmente. E aprendi a entender melhor
as outras pessoas. Posso acompanhá-las melhor porque eu
mesmo tive experiências com as minhas feridas.

As minhas feridas quebram as máscaras que muitas vezes
uso e os papéis que muitas vezes desempenho. Abro-me para
o meu verdadeiro eu e, consequentemente, também para o
verdadeiro eu do outro. Já não me satisfaço com a superfí-
cie. Quero a vida real, verdadeira, autêntica. As feridas me
mostram as minhas próprias habilidades. Aprendi com elas,
ganhei experiência. Agora posso usá-las no meu caminho e
na minha tarefa.

O perdão é algo que posso fazer sozinho. Ele não depende do fato de a outra pessoa reconhecer ou não a sua culpa ou o seu erro. O perdão é algo que acontece dentro de mim: liberto-me do poder da outra pessoa. No entanto, o perdão é também um processo. Se fomos profundamente magoados, demora mais tempo até sermos realmente capazes de dar esses passos de perdão. Devemos, então, admitir humildemente para nós mesmos que ainda não somos capazes de perdoar. O decisivo, no entanto, é a vontade de perdoar, mesmo que demore mais tempo até que ele se torne realidade.

Reconciliação

O perdão é possível unilateralmente. A reconciliação, por outro lado, precisa sempre de duas pessoas. Mas também falamos de reconciliação quando eu me reconcilio comigo mesmo e com a minha biografia. Mas isso também sempre tem dois polos: eu e a minha vida. Eu e o meu corpo. Eu e o meu caráter. Eu e a minha biografia. A palavra latina para reconciliação é *reconciliatio*. Ela significa: restauração da comunhão, da ligação, da relação. A palavra grega *katallage* é frequentemente utilizada em um sentido político. Nesse caso, significa o restabelecimento de uma coexistência pacífica após um conflito. No domínio pessoal, é utilizada quando um casal que se desentendeu está disposto e é capaz de voltar a viver em paz. Assim, a reconciliação tem a ver com uma coexistência pacífica entre mim e a minha história de vida, entre mim e o meu corpo, entre mim e a minha doença ou entre mim e a minha disposição psicológica, a minha sensibilidade e vulnerabilidade. E trata-se de uma convivência pacífica com as outras pessoas. No entanto, isso depende sempre do comportamento dos outros.

Na terapia, os psicólogos trabalham para reconciliar a pessoa consigo mesma e com sua história. Carl Gustav Jung disse certa vez: quando sou adulto, já não é tão importante perguntar como foi a infância. A minha tarefa é assumir a responsabilidade pela minha vida e reconciliar-me com a minha história.

É a minha história. E posso transformá-la em algo, apesar de ter vivido muitas mágoas. Minha tarefa é reconciliar-me com essas feridas. Então, a minha vida será bem-sucedida. Especialmente para as pessoas mais velhas, é importante se reconciliarem com sua vida. Só assim podemos viver bem e em paz no futuro e também olhar para trás com alegria e gratidão no fim da vida. Podemos expressar a reconciliação com a nossa própria história de vida em uma imagem: posso esculpir uma bela figura em madeira, esculpir uma figura em pedra e formar uma figura em barro. Só preciso trabalhar de acordo com o material, o que significa que não posso tratar a pedra como barro ou madeira. Se o fizesse, eu não conseguiria moldar nem esculpir nada. A nossa história de vida é, por assim dizer, o material com o qual damos forma à nossa pessoa única. Só podemos ser bem-sucedidos se entendermos nossa história de vida concreta, com todas as suas feridas, como o material a partir do qual moldamos a nossa pessoa.

A terapia também consiste em analisar a relação com as outras pessoas e moldá-la de forma a que possamos viver reconciliados com elas. Isso se aplica aos pais. O que foi e é ofensivo no seu comportamento deve ser deixado com eles, mas eles devem ser honrados por serem pai e mãe. E isso também se aplica às relações com outras pessoas que me magoaram ao longo da minha vida. Posso distanciar-me delas. Mas se eu estiver interiormente em conflito com elas e não tiver me reconciliado com elas, isso afetará minha vida. Por isso, é importante para a nossa saúde mental reconciliar-nos também com essas pessoas. No entanto, não devemos tornar-nos completamente dependentes delas, o que significa: se outra pessoa não quiser se reconciliar conosco, então deixamos isso com ela. O que é decisivo é que estejamos interiormente reconciliados conosco mesmos e prontos para abrir nossa porta para a outra pessoa. Se ela quer entrar ou não por essa porta é problema dela.

Vemos frequentemente que irmãos não se reconciliam durante muito tempo quando não estão satisfeitos com a execução da herança. Assim, após a morte dos pais, surgem frequentemente conflitos violentos. Às vezes, os irmãos perpetuam o conflito pelo resto da vida. Lutam e brigam, muitas vezes em justiça, até que nada reste da herança. No final, ninguém fica com nada.

A terapia consiste em encontrar a paz interior, mesmo que os irmãos não estejam prontos para se reconciliarem. Às vezes, é apenas um irmão ou irmã que não concorda com a divisão da herança. Os outros tentam chegar a um compromisso. Mas ele ou ela se recusa a falar. Dessa forma, a família continua a não poder se reconciliar. O irmão não reconciliado não só destrói a herança, mas também a família. E exerce poder sobre os outros. A sua ausência nas celebrações familiares diminui o ânimo dos outros irmãos.

Em casos assim, é importante que a família não dê ao irmão não reconciliado o poder de afetar a todos. A família deve lamentar o fato de um dos filhos ser assim. E deve manter sempre a esperança de que ele acabe se abrindo de novo para a família. Mas não deve permitir que o irmão não reconciliado afete o ambiente nas celebrações familiares. Se alguém se excluiu, ele também deve permanecer excluído da festa.

Na Bíblia, lemos com frequência sobre a reconciliação com os outros, mas também conosco mesmos, com as tendências hostis da nossa própria alma. Em suas parábolas, Jesus fala da reconciliação com o adversário. Não se trata apenas de uma imagem para os adversários externos que nos atacam, mas podemos entendê-la também como uma imagem para o adversário interior. Enquanto ainda tivermos alcançado nosso destino, devemos fazer as pazes. Porque se não o fizermos, podemos ser esmagados e derrotados pelo inimigo. Nesse sentido, eu gostaria de interpretar apenas duas breves palavras de Jesus: "Entra logo em acordo com teu adversário, enquanto estás com ele a caminho do tribunal, para que ele não te entregue ao juiz, e o juiz ao oficial de justiça, e sejas posto na cadeia. E eu te garanto que não sairás dali até que tenhas pago o último centavo" (Mt 5,25s.). Aqui é bom entender a palavra no nível interior.

Quando o adversário é externo, não existe razão para sempre assumirmos a culpa. Mas quando se trata do inimigo interior, somos responsáveis se não conseguirmos chegar a um acordo. Precisamos lidar com nossa sombra e reconciliar-nos com o inimigo interior que rejeitamos. Se não chegarmos a um acordo com o inimigo da nossa alma, ele se transformará em um tirano que nos quer dominar. O juiz interior nos condenará constantemente e nos jogará na prisão da nossa própria rejeição.

Aquilo que rejeitamos dentro de nós se transforma em um juiz interior, que nos manterá na prisão do nosso próprio medo e da nossa mesquinhez. Então precisamos pagar tudo aquilo com que não nos podemos reconciliar. Aquilo que não queremos aceitar nos perseguirá. Ele sempre se manifestará e nos torturará. Isso vale para o medo reprimido, a sexualidade reprimida, a raiva engolida. Precisamos pagar tudo isso, muitas vezes sob a forma de doença mental ou de sintomas neuróticos. Carl Gustav Jung disse uma vez que a neurose é o substituto do sofrimento necessário associado à nossa individuação. Quando nos reconciliamos com nossas fraquezas e sombras, isso é doloroso. Mas se quisermos evitar essa dor e ignorarmos o adversário em vez de nos reconciliarmos com ele, então entramos na prisão dos nossos padrões neuróticos.

A individuação exige que cheguemos a um acordo com o adversário interior e não esperemos até o último juízo na morte. A reconciliação nos salva da prisão interior em que muitas vezes caímos por não querermos aceitar e reconhecer tantas coisas em nós mesmos. Cura significa sempre reconciliação. Só quando nos reconciliamos com o adversário interior é que ele se torna um amigo e um ajudante para nós no caminho da cura.

Do mesmo modo, podemos interpretar a pequena parábola do rei que vem ao nosso encontro com vinte mil soldados (Lc 14,31s.). Se lutarmos com os nossos dez mil soldados contra a superioridade do outro rei, gastaremos todas as nossas energias em uma guerra de trincheiras. Mas não avançaremos interiormente. No entanto, se fizermos as pazes com o outro rei, as nossas possibilidades aumentarão. Teremos então trinta mil soldados à nossa disposição em vez de dez mil. Temos mais força dentro de nós. Para Carl

Gustav Jung, os inimigos da alma são os nossos lados sombrios. Se nos reconciliarmos com eles, eles enriquecem a nossa vida e nos fortalecem. Por isso, é útil transformar nossos inimigos em amigos. Em vez de lutarmos contra nosso medo, nossa agressividade, nosso ciúme, nossa depressão, devemos fazer amizade com essas emoções. Assim, elas nos ajudarão a viver de forma mais consciente e intensa. Quero demonstrar isso a exemplo do medo: o medo, como nosso amigo, nos mostra amorosamente qual é a nossa medida. Ele aponta os pressupostos básicos errados, por exemplo, que não devemos cometer um erro porque, caso contrário, seremos rejeitados. Em última análise, o medo quer nos conduzir a Deus. Pois muitas vezes ele nos mostra que dependemos demais do julgamento e da aprovação de outras pessoas. Ele nos convida a nos definir a partir de Deus e não a partir das pessoas e da sua aprovação. O Apóstolo Paulo nos mostra outra forma de nos reconciliarmos com nossa própria história de vida. Em 2 Coríntios, ele escreve: "Quem está em Cristo é criatura nova. O que é velho passou" (2Cor 5,17).

Isso tem dois significados para mim. Por um lado: não existe apenas o passado em mim, mas também algo novo, algo que cresceu em mim através de Jesus. Isso me dá uma liberdade interior em relação ao passado. Não estou preso a ele. Por outro lado: quando olho para meu passado com novos olhos, quando olho para ele com os olhos de Jesus, o passado torna-se novo para mim. Ele deixa de ser um peso. A nova perspectiva transforma meu passado e, a partir dele, pode surgir algo novo em mim.

O Evangelho de João nos mostra um caminho semelhante. Jesus pergunta três vezes a Pedro: "Tu me amas?" A pergunta tripla lembra Pedro das três vezes em que ele traiu Jesus na corte do sumo sacerdote, quando afirmou não conhecê-lo depois da sua prisão. Ele precisa encarar sua traição, suas fraquezas, seus erros. Mas deve olhar para trás com amor.

À terceira pergunta, ele responde: "Sim, Senhor, Tu sabes que eu te amo" (Jo 21,17). Pedro revela a Jesus todo seu passado. Não quer esconder nada dele. Mas, apesar de todas as falhas que Pedro admite a Jesus, ele ainda pode dizer com consciência tranquila: "Tu sabes que te amo. Tu sabes que, por trás das minhas falhas, há um grande desejo de te amar. E esse amor, apesar de todas as minhas fraquezas, é a própria razão da minha vida". Pedro usa aqui a palavra *philein*. Essa palavra grega significa, por um lado, o amor dos amigos; por outro, também o amor entre parceiros. Assim, Pedro reconhece diante de Jesus que, no seu passado, tão marcado por erros, o amor é o motivo fundamental que o leva a vencer. Isso lhe permite reconciliar-se com seu passado e não ficar preso na repreensão própria.

Uma das palavras de Jesus no Sermão da Montanha assusta alguns leitores da Bíblia: "Portanto, se estiveres diante do altar para apresentar tua oferta e ali te lembrares de que teu irmão tem alguma coisa contra ti, deixa tua oferta lá diante do altar, vai primeiro reconciliar-te com teu irmão e então volta para apresentar tua oferta" (Mt 5,23s.). O que Jesus quer dizer é isto: quando rezamos, devemos sempre contemplar também se estamos reconciliados com as pessoas. Experimentar a proximidade de Deus na oração significa sempre também a vontade de nos reconciliarmos com as pessoas com quem vivemos.

Mas a pergunta é como devemos nos comportar se a outra pessoa não estiver disposta a se reconciliar conosco. Não podemos forçá-la. Se ela não se reconciliar, podemos levar a nossa oferta ao altar. Mas para isso é preciso que nós mesmos nos reconciliemos interiormente com o outro. Não podemos rezar se formos vingativos. É interessante como Evágrio Pôntico, um dos mais famosos Padres do Deserto, interpreta essa palavra de Jesus. Ele escreve: "'Deixa tua oferta lá diante do altar, vai primeiro reconciliar-te com teu irmão', aconselha-nos o Senhor, e então poderás rezar sem ser incomodado. Porque o ressentimento turva a mente do homem que reza e obscurece sua oração" (Evágrio Pôntico, *Über das Gebet*, n. 21). Evágrio analisa então a questão do ponto de vista psicológico. Ele acredita que não podemos rezar se ainda guardamos ressentimento contra um irmão. E é assim que podemos entender a palavra de Jesus: se oferecermos a nossa oferta a Deus enquanto ainda não nos reconciliamos interiormente com um irmão, a nossa relação com Deus também será perturbada. É, portanto, nossa tarefa reconciliar-nos interiormente. O fato de o irmão aceitar ou não a reconciliação é responsabilidade dele. Não devemos fazer depender disso a nossa oração e a nossa disponibilidade para a reconciliação. O que importa é que o nosso espírito esteja reconciliado com o outro.

A reconciliação é, portanto, um processo que se desenrola no nosso coração. Mas como a reconciliação com o outro pode ser bem-sucedida? As palavras de Jesus sobre amar os nossos inimigos podem nos ajudar: "Amai vossos inimigos e orai pelos que vos perseguem, para serdes filhos de vosso Pai que está nos céus. Porque Ele faz nascer o sol para bons e maus, e chover sobre justos e injustos" (Mt 5,44s.). A inimizade surge muitas vezes por meio da projeção: a outra pessoa projeta em mim o que ela não consegue aceitar em si mesma e o combate em mim. O amor aos inimigos não significa que eu baixe a cabeça e suporte tudo. Pelo contrário, significa: como Deus, devo deixar o sol do meu amor brilhar até mesmo sobre o inimigo. Devo confiar que a outra pessoa possui um núcleo bom por trás da sua fachada hostil. Se eu deixar o sol da minha boa vontade brilhar sobre esse núcleo bom, então o botão da bondade pode se abrir e florescer. Amar o inimigo significa, antes de mais nada, não olhar para ele com olhos hostis, mas com olhos que acreditam em seu núcleo bom. Então posso despertar esse núcleo para a vida e a hostilidade nele desaparece. Há algo semelhante na imagem da chuva: quando Deus faz chover no deserto, então ele floresce, embora antes tudo estivesse apenas murcho e seco. Da mesma forma, devo confiar na outra pessoa que no deserto da sua desordem caótica há também uma semente escondida que pode se abrir e florescer através da chuva da minha atenção.

A condição para a reconciliação é que eu confie que na outra pessoa também exista um desejo de viver de forma reconciliada, de se reconciliar comigo. Mas se eu lhe negar qualquer vontade de reconciliação, a reconciliação não é possível. Essa confiança implica que eu renuncie à minha fixação no negativo do outro. Mas não significa que eu desista de mim mesmo, que eu viole meus próprios sentimentos só para que a outra pessoa esteja disposta a se reconciliar comigo. Reconciliação significa restaurar um estado de paz. Por isso, também é preciso haver paz em mim. Se eu apenas ceder ou me render para que a outra pessoa se reconcilie comigo, então não ficarei bem. Sentimentos amargos surgirão em mim.

O perdão e a reconciliação não são apenas um desafio constante para nós, cristãos, mas para todas as pessoas, são a condição para uma coexistência bem-sucedida. Nesse caminho, experimentaremos repetidamente que é difícil acreditar no perdão de Deus, perdoar os outros quando nos magoam e perdoar a nós mesmos quando estamos decepcionados conosco e com os nossos erros. É fundamental que embarquemos no caminho do perdão.

Jesus insufla seu espírito nos discípulos na noite de Páscoa. É o Espírito do perdão: "Recebei o Espírito Santo. A quem perdoardes os pecados serão perdoados. A quem não perdoardes os pecados não serão perdoados" (Jo 20,22s.). Isso é um conforto para nós. Quando nos sentimos incapazes de perdoar aos outros, devemos lembrar-nos de que Jesus soprou e continua a soprar em nós seu Espírito de perdão. Por termos seu Espírito em nós, tornamo-nos capazes de perdoar e nossa união é bem-sucedida.

A reconciliação também é um caminho. Às vezes, pensamos: Agora estou em paz comigo mesmo, com minha vida e com as pessoas que me cercam. Não tenho hostilidades não resolvidas. Mas então vivenciamos algo que nos abala. Reagimos de forma sensível a uma palavra de um amigo ou de um colega. Essa reação mostra que, no fim das contas, não estamos completamente reconciliados conosco mesmos. Ainda há algo que não conseguimos aceitar dentro de nós. Quanto mais envelhecemos, mais importante é reconciliar-nos conosco mesmos, com nossa biografia, mas também com o declínio da nossa força e da nossa importância para as outras pessoas. Em todas as situações da vida somos confrontados com a tarefa de nos reconciliar conosco mesmos.

Quando sentimos que ainda estamos aborrecidos com certas pessoas e que elas perturbam nossa paz interior, então somos desafiados a nos reconciliar com elas.

Se formos bem-sucedidos no perdão e na reconciliação, podemos confiar que estamos impregnados com o espírito de Jesus. Então somos verdadeiramente cristãos – pessoas que seguem Cristo e agem como Ele a partir do seu espírito. Não condenamos os outros, mas nos reconciliamos com eles porque estamos sempre reconciliados conosco, porque nos perdoamos sempre a nós mesmos e aos outros.

Autoestima

Uma autoestima saudável nos ajuda a nos libertarmos dos mecanismos de culpa, inferioridade e projeção. Se continuarmos sendo moldados por esses mecanismos, desenvolvemos uma falsa autoestima. Aqueles que desencadeiam sentimento de culpa nos outros estão exercendo seu poder sobre o outro. Essa é a forma mais sutil de exercer o poder. Ninguém consegue se defender contra ela porque ninguém tem a certeza de estar completamente isento de culpa. Essa forma de exercício de poder é especialmente popular nos círculos cristãos.

Uma falsa autoestima também surge quando diminuímos os outros para podermos acreditar na nossa própria grandeza. No entanto, quem tem uma autoestima saudável, assume-se e permanece em seu centro. Assim, as tentativas do outro de rebaixá-lo ricochetearão nele. A projeção também é um mecanismo que cria uma autoestima pouco saudável. Quando projeto as minhas sombras sobre a outra pessoa, coloco-me acima dela. Vejo-me, então, como a pessoa piedosa, madura e sábia. Os outros estão cheios de defeitos e fraquezas. Eu me regozijo em minha perfeição e não percebo que vivo às custas dos outros sobre os quais projeto meus lados sombrios.

A pergunta é como podemos desenvolver uma autoestima saudável. Sabemos que a infância é uma fonte importante para nossa autoestima. Se os pais nos aceitarem como somos, se nos valorizarem, nos derem crédito e também nos elogiarem de vez em quando, podemos desenvolver uma boa autoestima. No entanto, se os pais elogiarem sempre a criança e admirarem tudo que ela faz, cria-se uma autoimagem ilusória que nada tem a ver com a realidade.

Algumas pessoas tentam adquirir sua autoestima por meio do desempenho. Mas, nesse caso, ficam dependentes de seu desempenho. Desenvolvem uma forte autoconfiança, mas autoconfiança sem autoestima conduz à arrogância e é frequentemente uma expressão de narcisismo. A pessoa narcisista parece autoconfiante, mas ao fazê-lo só gira em torno de si mesma. Assim, seu desempenho externo não se torna uma bênção para os outros. Não serve aos outros, mas apenas ao seu próprio ego. Encontramos pessoas narcisistas por todo lado. No início, elas podem nos impressionar com sua autoconfiança. Mas, com o tempo, percebemos que estão apenas encobrindo sua falta de autoestima real.

A reconciliação conosco mesmos também pode ser uma ajuda. Mas também a afirmação bíblica de que Deus nos criou à sua imagem e semelhança (cf. Gn 1,26) pode ajudar-nos a reconhecer nossa própria dignidade. É isso que constitui nossa autoestima, o fato de sermos uma imagem de Deus. O teólogo medieval Tomás de Aquino diz que Deus faz uma imagem única de cada pessoa. A nossa tarefa é permitir que essa imagem única se torne visível na nossa vida. Se deixarmos que essa afirmação nos impregne, deixamos de comparar-nos com os outros.

A comparação enfraquece nossa autoestima. Em vez disso, aceitamo-nos na nossa singularidade. E tentamos descobrir cada vez mais o que é essa imagem única de Deus em nós. Não seremos capazes de descrevê-la, mas quando nos aquietamos e sentimos que somos coerentes, que estamos em harmonia conosco mesmos, então podemos confiar que nos aproximamos dessa imagem única de Deus. Então sentimo-nos livres. Não precisamos mais fingir uma autoconfiança exterior. A nossa autoestima é interiorizada e, consequentemente, não depende do nosso próprio desempenho nem do reconhecimento dos outros.

Carl Gustav Jung mostra ainda outro caminho para uma boa autoestima. Ele distingue entre ego e si mesmo. O ego quer impressionar, apresentar-se, parecer confiante para o mundo exterior. Mas para isso ele precisa de um palco, depende do reconhecimento e do sucesso. O objetivo do autodesenvolvimento humano, no entanto, é passar do ego para o si mesmo.

Jung define o si mesmo como "a totalidade psíquica do ser humano". O si mesmo é o centro do ser humano. Nele, o consciente e o inconsciente se unem. A imagem de Deus também pertence ao si mesmo. O que ele quer dizer é o que a mística descreve com a imagem de que Deus habita em nós. Jung também expressa o caminho para o si mesmo em linguagem religiosa e cristã: "Elas voltaram a si mesmas; puderam aceitar-se; foram capazes de reconciliar-se consigo mesmas e assim se reconciliaram também com situações e acontecimentos adversos. Trata-se, quase sempre, do mesmo fato que outrora se expressava nestas palavras: 'Fez as pazes com Deus, sacrificou a própria vontade, submetendo-se à vontade divina'" (Jung, OC 11/1, § 138).

Aquele que está em contato com seu si mesmo sente uma paz interior. Mesmo que talvez seja inseguro ou tímido, isso não diminui sua autoestima, porque ele não a faz depender da sua aparência exterior ou do reconhecimento dos outros.

Ele descansa em si mesmo. A boa autoestima conhece o valor divino interior. Não desmorono quando os outros me criticam. Porque sei que me é permitido cometer erros, que não sou perfeito. Mas sou completamente eu mesmo.

A partir desse si mesmo, as relações com as outras pessoas serão bem-sucedidas. Posso conhecê-las aberta e honestamente, estou livre da pressão de ter que provar qualquer coisa e de representar qualquer coisa. Também não tenho medo de me envergonhar com um contratempo, porque sei que isso não afeta meu valor verdadeiro. Estou simplesmente presente, sou eu mesmo e, por isso, posso deixar o outro ser como ele é. Também vejo nele sua dignidade inviolável. Regozijo-me com o valor do outro sem inveja e sem me comparar com ele.

Reflexões finais

Analisamos seis mecanismos ou padrões diferentes que afetam nossa união e nos impedem de viver em harmonia conosco mesmos. Todos conhecem esse tipo de mecanismos. Não são novos para nós. Todos nós já ouvimos falar deles. Mas, muitas vezes, temos ideias pouco claras sobre eles e não sabemos como lidar com eles de forma adequada. Esperamos que as nossas explicações ajudem os leitores a reconhecer e a compreender os mecanismos que dificultam a vida. Uma vez reconhecidos e compreendidos, podemos desenvolver formas adequadas de nos libertarmos do seu poder. Os conhecimentos psicológicos e a sabedoria das histórias bíblicas nos ajudam nisso. Vimos que as histórias bíblicas nos oferecem estratégias semelhantes às da psicologia.

O nosso objetivo não era criar uma oposição entre psicologia e espiritualidade, mas também não nivelar as diferenças. A psicologia deve estar aberta à espiritualidade. E a espiritualidade deve levar a sério as descobertas da psicologia. Então, os caminhos espirituais serão sempre também caminhos terapêuticos, caminhos de cura.

Tentamos explicar os mecanismos por meio de exemplos concretos e descrever os caminhos espirituais de forma que os leitores possam implementá-los em sua vida. Duas atitudes parecem-nos importantes. Uma é a da humildade, ou seja, admitir que esses mecanismos também estão ativos em nós. Também nós temos sentimento de culpa e nos deixamos influenciar por ele. Também nós projetamos sobre os outros aspectos que não aceitamos em nós mesmos. Também nós temos complexos de inferioridade. E cada um de nós precisa se debater com a questão da imposição de limites. Às vezes, somos mais bem-sucedidos, outras vezes menos. Também nós conhecemos a agressividade passiva, quer dentro de nós, quer porque conhecemos pessoas que nos fazem sentir agressivos, apesar de serem exteriormente amigáveis. Todos nós já fomos magoados na nossa vida, mesmo que tenhamos a sensação geral de que tivemos uma bela infância e sejamos gratos por isso. Todos nós já ofendemos os outros e, assim, transmitimos as nossas próprias ofensas.

Não existe vida sem ferimentos. Mas nossa vida não será bem-sucedida se não olharmos para elas, se não nos reconciliarmos com elas e se não perdoarmos àqueles que nos magoaram. Só quando nos reconciliamos com nosso passado podemos avançar para o futuro livres e cheios de confiança. Então não estaremos constantemente olhando para o passado e reabrindo as velhas feridas. Não estaremos sempre repetindo nosso passado. Quem integra seu passado em sua vida não o carrega consigo como um fardo. Consegue libertar-se dele e envolver-se plenamente no momento. Aquele que se reconcilia consigo mesmo encontra seu verdadeiro eu, seu próprio centro, no qual ele não está sozinho com a história de sua vida, mas no qual Deus habita nele e o coloca em contato com sua dignidade inviolável. Se ele tem consciência dessa dignidade, ele também é capaz de boas relações, então ele se regozijará com a dignidade dos outros e poderá desfrutar do encontro com os outros.

Assim, desejamos aos leitores que tenham a coragem de reconhecer e aceitar os mecanismos que impedem sua vida. A tradição espiritual nos oferece bons caminhos para nos libertarmos desses mecanismos, de modo que nossas vidas possam ser bem-sucedidas e a boa convivência seja possível. Os ideais cristãos de comunidade, de paz e de reconciliação só podem ser concretizados se primeiro tivermos confrontado os mecanismos que ameaçam e impedem a comunidade.

Assim, desejamos a todos os leitores o anjo da esperança, que os mecanismos que impedem a vida em nós e em nossas comunidades cristãs sejam cada vez mais desativados e que possamos, assim, criar boas relações e viver encontros frutíferos. E desejamos que, por meio do perdão e da reconciliação, você ganhe um senso de autoestima que lhe permita encontrar-se com as pessoas livre e abertamente e com gratidão.

Bibliografia

Apophthegmata Patrum – Weisung der Väter. 8. ed. Trier, 2009 [Sophia, vol. 6].

EVÁGRIO PÔNTICO. *Über das Gebet – Tractatus de oratione.* 2. ed. Münsterschwarzach, 2017 [Quellen der Spiritualität, vol. 4].

GÖRRES, A. Das Böse – Wege zur seiner Bewältigung. Freiburg, 1984.

GRÜN, A. *Vergib dir selbst.* 9. ed. Münsterschwarzach, 2015 [Münsterschwarzacher Kleinschriften, vol. 120].

JUNG, C.G. Obra completa. Petrópolis: Vozes, 2012 [indicada sempre com "OC" e o número do volume]

Vol. 7/2 – O eu e o inconsciente

Vol. 8/2 – A natureza da psique

Vol. 10/2 – Aspectos do drama contemporâneo

Vol. 11/1 – Psicologia e religião

RATTNER, J. *Individualpsychologie – Eine Einführung in die tiefenpsychologische Lehre von Alfred Adler*. Munique, 1986.

SIEGMUND, L. *Passive Aggressive: living with passive aggressive behavior – An easy to follow step-by-step guide to help you cope with Hidden Aggression*, 2015.

STAHL, S. *Das Kind in dir muss Heimat finden – Der Schlüssel zur Lösung (fast) aller Probleme*. Munique, 2015.

Conecte-se conosco:

 facebook.com/editoravozes

 @editoravozes

 @editora_vozes

 youtube.com/editoravozes

 +55 24 2233-9033

www.vozes.com.br

Conheça nossas lojas:

www.livrariavozes.com.br

Belo Horizonte – Brasília – Campinas – Cuiabá – Curitiba
Fortaleza – Juiz de Fora – Petrópolis – Recife – São Paulo

  Vozes de Bolso

EDITORA VOZES LTDA.
Rua Frei Luís, 100 – Centro – Cep 25689-900 – Petrópolis, RJ
Tel.: (24) 2233-9000 – E-mail: vendas@vozes.com.br